图解服务的细节
021

患者トラブルを解決する「技術」

医患纠纷解决术

[日] 尾内康彦 著
刘 波 译

人民东方出版传媒
People's Oriental Publishing & Media
東方出版社
The Oriental Press

目录 CONTENTS

序

我被称为“医患纠纷调停高手”的原因

自面向各大医疗机构提供专业医患纠纷咨询以来，转眼间已经过去了20年。我是日本大阪府医保医师协会的一名普通职员，医保医师协会是一家以改善国民医疗条件、协调医疗机构与患者关系，保障医保医师和执业医师的日常工作，由医保医师组织成立的一家运营团体。该团体主要面向各大医疗机构，针对日常诊疗、组织运营和生活等多方面的内容提供支持、协助和服务。

目前，我每月受理的医疗纠纷咨询案例约30~50件。一般由医院或私人门诊的医生或医务人员通过电话向我进行咨询。年咨询量达400件左右。从以往的咨询情况来看，咨询申诉案件从20世纪90年代后期呈增长趋势，尤其在2005年以后迅速增加。当时，改革派小泉纯一郎当选日本首相后，推出一系列行政和经济改革措施，其中包括对医疗行业进行的大范围整改。随着诊疗报酬的大幅度下降，医疗领域的各种纠纷案件猛增，纠纷内容也开始朝复杂化、恶性化的方向发展。

我受理的纠纷咨询案件有大有小，内容复杂多样，其中申诉量最高的是医患纠纷，其次是员工间的矛盾纠葛，例如：医疗单位想辞退问题员工，员工间的派系争斗和职场暴力；此外，还有私吞公款、金融欺诈、业主伺机提高租金、建筑物使用期间缺陷、私建违建、围绕土地界限确定自然采光权侵害等争议、网络纠纷……涉及的事项可谓五花八门、包罗万象。

“委托他人出面的姿态”会加剧事态恶化

我受理各类纠纷案的方式可能有点儿与众不同。首先，咨询方打来电话，我在电话中提出指导性建议。必要时，该程序会重复两到三次。案件涉及法律维权时，有时我还会邀请律师、社会保险劳务师、注册税务师等专业人员参与。但是，原则上我一般不和咨询方见面，原因有以下两点。

第一，医院发生的纠纷应该由院方自己出面解决，这是我的个人观点。如果万事都抱着“求人解决”的想法，即使这次的纠纷顺利解决，下一次同样的问题还会发生，这样医院便永远无法成长。

第二，我没有时间。也许有人会提出批评：“没时间？对找你咨询的人这么说是不是太失礼了？”尽管作为一名专业医患纠纷调解人，我在日本医疗界享有一定知名度。但是，我的本职工作是大阪府医师协会下的一个普通员工。前面已经提到，我的本职工作是面向广大医疗机构或个人提供税务、运营、保险申请咨询，以及各类新闻媒体的策划编辑工作。现在主要负责医师协会会员入会退会、业务继承、医院创建等机构管理工作。受理医患纠纷咨询需要根据协会高层管理者的判断，即是否对本协会的会员入会等有帮助，而且要求在不能影响本职工作的业余时间进行，正常工作时间内是不被允许的。因此，受理医患纠纷咨询实质上是面向需求者提供的一种志愿服务，不收取任何费用。

基于上述原因，首先，我会在电话中尽量详细地向对方了解事件经过，然后针对问题提出一些我认为有帮助的建议，最后对方需要打电话向我告知事件的解决结果。这就是我提供纠纷咨询的常规方式。

此外，“对方办不到的建议”我从来不提。提建议时，我通常会考虑咨询方的纠纷解决能力，从中选择一些认为对方有能力做到的告知。我提的建议简单易行，一般人都能办到，而且“马上能够发挥作用，而不是遥遥无期”。

实际上，正因为长期以来我采用这种方式帮人解决纠纷案件，对于那些不知道怎么解决纠纷的人来说，我的建议反而发挥了意想不到的效果。相反，假设我正式代理咨询方出面调停某起纠纷案，亲自前往现场参与纠纷调停，即使问题顺利解决，也是“尾内出面帮助解决的”。

实际上，在我参与的纠纷案中，真正出面交涉的是找我咨询的医疗机构的高层领导和员工。我所做的，不过是站在幕后提出一些建议罢了。所以，所有拿起本书翻看的读者也一样，请你鼓起勇气，直面纠纷。

●解决纠纷的三要素是“远见”、“勇气”和“现场力”

首先，我想强调一点。

请大家记住，解决医患纠纷有三个要素，即“远见”、

"勇气"、"现场力"。

其实，这三个要素是以德国军事理论家克劳塞维茨的著作《战争论》中军队指挥官的心得为基础，由早稻田大学商务学院的内田和成教授总结和提炼出的精髓，目的是帮助和指导企业经营者如何在危机重重的大环境下应对变化、带领企业突出重围而提出的观点。

人为什么惧怕纷争？因为不知道局势下一步如何发展。对未知的事物，人们总是抱着不安和恐惧的心理。因为"不确定"，才会本能地试图逃避，所以，面对纠纷时，人的心情会变得焦躁，观察能力和判断能力减退，更别说采取措施了。

这时，人最需要的就是"远见"、"勇气"、"现场力"三要素。

不要试着逃避。第一，从相关人员处搜集信息，客观冷静地分析引发纠纷的原因、背景，对方的心理状态等，在此基础上制订对策。此时，我一般会设想最坏的事态，并对此做好充分的准备。实际上，这些准备最后往往派不上用场。但是，事态没有朝最坏的方向发展，这未尝不是一件好事。

我认为，发生纠纷时，"远见"是指"做好最坏的设想，做好充分的事前准备"。

第二，“勇气”。即使再好的对策，如果不实施就没有意义。尤其是对方心怀恶意时，你必须做好充足的心理准备，拿出反驳对方的勇气。这种勇气，只有在全员心往一处用、劲往一处使、企业构建完备的员工保护体制的基础上才能发挥出来。希望各大医疗机构的高层管理者能够深刻地认识这一点。一家有勇气的医院，是不会被心怀恶意的不逞之徒瞄上的。对于那些人来说，一家管理制度松散、员工意识缺乏的医院是他们最爱的温床。

第三，“经验”。经历的医患纠纷事故越多，医院就会变得越强。这就像人体的免疫力。

不要逃避医患纠纷

尽管我这么说有点班门弄斧。但是，人体的免疫力分为先天和后天。刚出生的婴儿免疫力低，容易患病，而成人的免疫能力很强，每生一次病，人体就会对那种病原菌产生相应的免疫力。因此，随着长大成人，人就不再容易患病。

医患纠纷和医疗机构的关系也一样。医院经历的医患纠纷越多，积累的经验越多，对医患纠纷的免疫力越强，就更能构建处理医患纠纷的强有力的组织体系。

所以，不要逃避医患纠纷。逃避会降低院方处理医患纠纷的免疫力，医院的组织结构也会不断薄弱下去。更要命的是，这类医院更容易成为"问题患者"的目标。如果对问题搁置不管，不但医患纠纷频发，院内氛围也会变得散漫无序，最终被员工和患者抛弃。

经验只靠书本无法获得。因此，为了给读者提供"身临其境的体验"，我在这书中尽可能多地列举了一些亲身参与的纠纷案例，并把各类纠纷处理过程中，我的思考、判断、对策制订以及具体实施再现出来。

恶性索赔会动摇经营的基础

引发医患纠纷的患者只是冰山一角。大多数患者温顺随和、举止得体，就诊结束就离开医院，很少乱发牢骚。问题是那些少数患者。

一旦碰上这种患者，不但医疗现场的医务人员疲于应对，还会对医院的日常运营管理产生各种不可预估的不良影响。如果对方是那种用普通办法根本行不通的"患者大人"或职业医闹时，医务人员不仅身心遭受伤害，严重时甚至可能辞职。这种情况我曾经多次遇到，极易导致一线医务人员丧失工作热情、工作效率下降、医院人手不足、医疗服务水平下降等恶性循环，结果是大大动摇医院日常运营和诊疗工作的基础。

当然，医疗机构的本职工作是为广大患者提供医疗服务。作为一家医院，应当专注本职工作，将全部力量投入医疗事业中。从这些角度出发，医院也应致力于构建“应对医患纠纷的强有力”的组织体系。

解决已发生的医患纠纷，预防今后可能发生的医患纠纷，采取措施，防患于未然。拿到这本书的人，一定是那些日夜奋斗在医疗一线，却抱有这样那样的烦恼的医疗工作者。在向奋斗在医疗救治一线的广大医务人员致以崇高敬意的同时，真心希望本书能为读者带来一定的帮助。

尾内康彦

01 做好迎击纠纷的思想准备

解决医患纠纷的方法和能力是必要条件，但不是充分条件。那么，什么是充分条件？那就是解决医患纠纷的正确思路和思想准备。

✣ 医患纠纷是什么？

我受理的纠纷案大体分为“医患纠纷”、“员工纠纷”、“黑心经营纠纷”和“其他纠纷”四类。但是，从统计数字分析，近年来日本的“医患纠纷”呈增长趋势，约占整体纠纷案件的80%。而且，大至公立医院、私立医院，小到私人诊所，不论规模大小，都有前来咨询的对象。

医患纠纷的严重度逐年递增。其中，最大的原因是与过去的“问题患者”相比，来者不善的“患者大人”越来越多。

我把“患者大人”分成两类进行定义。

第一类，以语言暴力为中心，对诊疗过程中发生的不可抗力等情况要求升级、步步紧逼，在医疗现场引发混乱的患者及家属。第二类，行动不可预知。除语言暴力之外，通过肢体威胁或暴力行为表达强烈不满的患者及家属。

前者多发生在大型医院办理“住院”手续等场合，后者与医院规模无关，多发生于“急诊”或“门诊”。而且，我最常接触的“患者大人”类纠纷多属于①药物依赖症、酒精依赖症；②患者存在精神方面的问题，如情绪不稳定等；③黑恶势力参与。

从事医疗工作的人一般性格随和，这一点值得称道。即使遇到“患者大人”，也大多认为“患者出言不逊，是因为自己力所不能”，把问题归咎于自己；或者觉得“患者拳脚相加是生病的缘故，医生应该忍耐”。但令人遗憾：这种看似美德的错误思维和风气正是助长“患者大人”嚣张气焰的原因之一。

不管什么患者，绝不允许其暴言暴行，决不纵容其不合理的要求。这是绝对不能退让的一道防线。在全院上下贯彻落实该认识是解决医患纠纷的第一步。

✣ 70%的医患纠纷源于患者的误解

首先需要考虑的问题是为什么会产生医患纠纷？

日本香川大学附属医院的泽井直树在著作《医患纠纷解决指南》（日经 BP 社）中结合实际案例指出：公众对于医疗工作的误解是引发大多数医患纠纷的原因。每天，我都会受理很多纠纷案件，实际情况与上述观点基本一致。

引发医患纠纷的原因很多，在我受理的纠纷咨询案中，70%以上与患方的误解有关。其中最大的一个误解是“医疗的不确定性”，现参考泽井先生列举的误解案，由我改编后进行论述。

● 引发医患纠纷的患方误解（1）

◎ 找医生看病，就能治好病

◎ 经过检查诊断，就能找到疾病的原因

◎ 完全治愈患者是医生的责任

◎ 治疗和药物对每个人都有同样的效果

持以上想法的人很多，但是，很明显这是误解。治疗效果存在个体差异，同一种药物不是每个人都适用。根据患者个体的健康状况、生活习惯、康复状态等因素的不同，患者的病情发展也大为不同。疾病中，既有感冒发烧等多数人能彻底康复的疾病，也有癌症、风湿病、糖尿病等难以彻底治愈的慢性疾病。

现在的医疗条件已经相当发达，但还有很多疾病病因不明。因为患者存在个体差异，所以，即使医生按照标准程序进行治疗，仍有一些病例恢复无望。这一点早已在医界达成共识，但患者对此并不知情。因此，如果医生不能以此为前提，对患者进行充分耐心的说明，一定会引发医患纠纷。

“完全治愈患者是医生的责任。”这个观点也是一种误解。我不是辩护律师，无法运用法律条文来辩解。但据一位专业律师说：患者就诊时，意味着医患双方已经达成一项“诊疗准委托协议”。在这份准委托协议中，医生必须认真履行诊疗行为，但不用承担彻底根治疾病的法律责任。

另外，尽管接受何种诊疗服务行为的决定权在患者，但是，根据合同关系：患者有配合医生进行诊治的义务。

这里还有一个容易引发医患纠纷的来自患者的误解，即：

● 引发医患纠纷的患方误解（2）

◎ 患者不需要配合医生进行诊治

从常识上讲，这个观点看似荒唐，其实是不遵守医嘱。结果，在疾病趋向恶化的同时，部分患者会把矛头指向医院。

● 引发医患纠纷的患方误解（3）

◎ 无论什么样的患者，医生都不应该拒诊

这一点的确有些难脱干系，因此也是让医疗机构头疼的事。由于医生对医疗服务的垄断性，所以，医生负有应患者召唤随叫随到的绝对义务。日本医师法第 19 条规定：如无正当事由，不得拒诊。但是，该法律条文中的“正当事由”具体指什么？因其概念界定不明，所以很容易在医疗一线引发混乱。

司法裁判过程中对“正当事由”的概念界定非常严谨。

例如：在一起某医院以床位已满为由、拒绝收治患者的医疗纠纷案中，法庭最终裁决如下：鉴于该院完全可以在院内空闲场所增设临时床位，并在其他住院床位空出时适时安排患者协调床位，因此宣告该院败诉。

尽管医疗机构自身的原因、患者病情的轻重缓急、患者被拒诊时是否符合“正当事由”等判断标准比较复杂，但是，核定难度高是必然的。由于医师应诊义务的相关判断标准较少，因被医院拒诊产生踢皮球，甚至引发患者死亡等危重病例时，往往会引发患者及其家属的强烈不满。

“患者大人”和医闹们不会放弃这些法律上的盲点。如果这些人假借医疗纠纷之名，采取各种行为不断妨碍医疗秩序，医院因不堪其扰驱赶他们时，他们就会气势汹汹地宣称如果被拒诊，就把事情闹大。对此，医疗机构该如何应对？

此时，医院的基本思路和应对措施应该是：面对胁迫严词拒绝、不予理睬。对于一切妨碍正常医疗秩序和影响其他患者就诊的行为应坚决制止。具体参见第二章大原则 10。

作为一名医务人员，如果对患者的这些误解不做好充分的思想准备，一旦遭遇突发事件，将很难冷静面对。

关于正当事由的法律法规及规定

● 日本医师法

第 19 条　医生从事医疗活动时，如无正当事由，不得拒诊。

● 关于医院及诊所等医疗机构开展的诊疗活动

（1949 年 9 月 10 日，医发第 752 号令，各都道府县知事并厚生劳动省医务局局长通知）

（略）凡从事医疗活动的医师及口腔科医师须严格遵守医师法第 19 条及口腔科医师法第 19 条规定，如无正当事由，不得拒诊。关于什么是正当事由，其具体适用范围应以社会理念认可的道德判断为准，现举一二例说明。

① 即使未收取医疗报酬，也不得当场以此为由拒诊患者；

② 即使有诊疗时间限制，也不得以此为由拒诊需急救处置的患者；

③ 即使是特定人群，例如仅为在特定场所工作的人提供专门诊疗服务的医师或口腔科医师，如遇需紧急施治的患者，若附近没有其他诊疗医师或口腔科医师，仍需履行诊疗义务；

④ 除遇天气等不可抗力因素之外，其他无法前往实施诊疗的场合均不在正当事由之列。

⑤ 凡遇医师从事专业外，属于其他专科疾病范畴的诊疗要求时，如取得患者理解可视为正当事由；如未取得患者理解，仍要求该医师诊疗时，该医师应对患者采取应急处置，并尽最大可能为患者提供诊疗服务。

● **关于医师的应诊义务**

（1955 年 8 月 13 日，医收第 755 号。长野县卫生部长并厚生劳动省医务局医务科长回答）

（略）① 医师法第 19 条提到的“正当事由”，仅限医生不在或因疾病等事实确认无法救治的病例。无论患者是否再三要求，若医师以轻度疲劳等原因为由拒绝救治，即构成对第 19 条义务的违反。但是，因以上事实认定须慎重进行，而关于所征询的案例是否符合正当事由，如果不具体情况具体取证分析，判定将非常困难。

② 医师违反医师法第 19 条规定的义务时尚无适用处罚条款，但是，因符合医师法第 17 条“发生有损医师品行的行为”一项，因此，若从业医师违反所规定的义务，可按同一规定取消并停止其医师执业资格。

● 关于日本医师法第 19 条第 1 项的诊疗义务

(1974 年 4 月 16 日，医发第 412 号，各都道府县知事并厚生劳动省医务局局长通知)

(略) 据休息日夜间诊疗机构、休息日夜间值班医师等管理办法规定：须按地区确保日常急诊医疗救治工作，且面向社区居民充分告知医院休息日夜间诊疗制度内容。此时，若医师让患者前往休息日夜间诊疗机构、休息日夜间运营医院等处就诊，不违反医师法第 19 条第 1 项规定。但是，若医师对危重病人等急重症病例不采取紧急救助措施，会对患者的生命或身体构成严重影响，则该医师必须救治患者。

● 参保医疗机构及参保费用负担规则

(转诊和会诊)

第 16 条 在参保医疗机构工作的医师，若患者所患疾病或伤情为该医师从事专业外，或该医师对疾病的诊治抱有疑虑时，可将该患者推荐至其他参保医疗机构，或请其他参保医疗机构的医师协助会诊。

关于拒诊的法律判定标准

● 深湖地区裁判所 1992 年 6 月 30 日判决（判决例时报 1458 号 127 页）

（概要）

某男因交通事故受重伤。接到急救通知后，急救车迅速赶往事发地点将伤者送往 A 院，该院医生以诊断结果是重度急救患者为由拒绝收治。于是伤者被送往另一家急救医院——Y 市立医院。该院经过叩诊，以脑外科医生和整形外科医生不在为由拒绝收治。后向 C 大学医院提出救治申请，该院以主治医师正在手术为由拒绝收治。结果，伤者被邻市的 D 医院收治，虽该院采取急救措施并立即手术，患者仍不治身亡。死者家属以 Y 市立医院拒绝收治属非正当事由为由向法院提起申诉。

在联系 Y 市立医院转诊时，虽该院脑外科医生和整形外科医生不在，但夜间急诊值班医生在（其中有外科医生）。因该院拿不出当时该外科医生实施何种诊疗活动的具体主张和证据，因此法院终审判决该院败诉，命令 Y 医院向死者家属支付150万日元赔偿金。

● 名古屋地方法院1983年8月19日判决（判决例时报1104号107页）

（概要）

被判拒绝收治入院属正当事由的一例。某高龄女患者，因心脏病长期接受治疗。该患者突发高热，出诊医生经诊断认为患者须住院治疗。经常给该患者看病的B医生经诊断，联系A医院提出住院申请，该院以内科医生不在及现有重症患者、人手不足等为由拒绝收治，经联系其他医院后，终于在深夜将该患者送至D医院，但患者于次日晨死亡。

当时，A医院的值班医生正在处理一起因交通事故受伤的急重症患者，无法接诊，且该医生专业从事脑外科，即使勉强接诊，也不可能比从事内科的B医生处置更到位。该医生考虑将该患者送往其他专业医院处置更恰当，据此判断该医生未违反医师法的相关义务规定。

● 千叶县地方法院1977年7月25日判决（判决例时报1220号118页）

（概要）

患儿是一名1岁女婴，经A医院诊断，怀疑重度支气管炎或肺炎。该院A医生联系小儿科专业医院——B医院，同时叫来救护车将患儿送往该院。运送患者的过程中，A 医生突然接到 B 医院打来的电话：强调因住院床位已满无法收治患儿，此时急救车已抵达 B 医院门前，尽管 A 医生出面向该院提出即使不能住院，希望能够为患儿诊治，但仍遭到 B 医院的拒绝。之后，经联系虽将患儿送至愿意收治的 C 医院，但患儿已经死亡。

当时，B 医院的住院床位已满属实，但该院小儿科的主治医师有 3 名，正在接诊门诊患者。该院附近并无具备儿科医生和住院条件的其他医院，如果拒绝收治该患儿，意味着该患儿只能被送往距离很远的某医院，B 医院的医生对此非常清楚。此外，B 医院的儿科床位为 6 张，此前为 12~13 张。即使床位已满，该院仍可以在急救室或门诊增设临时床位实施紧急救治，且期间可能有床位空出，以床位已满为由拒绝收治患儿属非正当事由。因此，法院终审判该院败诉，命令 B 医院向死者家属支付 2800 万日元赔偿金。

✣ “普通人”也失去了宽容

医患纠纷的内容大体分为三层，每一层都呈现出不断扩大的趋势。下面，我想用金字塔结构来分析这三层。

金字塔结构的顶层是“患者大人型”。在这一层引发的医患纠纷中，暴力言行的危险度最高，往往需要警方介入。在我受理的案例中，这类案件居高不下。

中间一层是“医闹型”，即重大医疗过失行为的索赔方。这类案件不像“患者大人型”那样需要警方介入，但索赔方的态度往往以自我为中心，会长期持续地对医疗机构采取各种干扰行为。从某种程度上讲，这类人比“患者大人型”还难应付。

◎ 引发医患纠纷的患者分三层

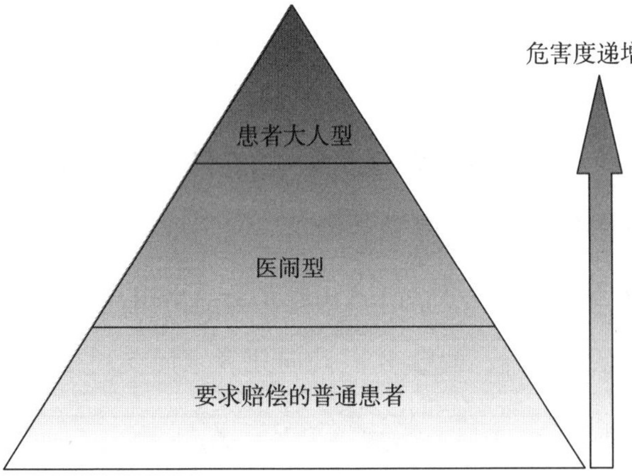

最底层是要求赔偿的普通患者。但是，与过去相比，这类人也开始慢慢失去宽容。

医患纠纷逐年增加、医患关系趋于恶化存在以下 4 大背景。

❖医患纠纷增加的4大背景

第一，社会形势。在医患纠纷发生率开始增长的20世纪90年代，随着经济全球化的发展，西方经济学中的“市场万能论”思维模式开始蔓延，另一方面，养老、医疗等支撑社会架构的安全保障体系逐渐崩溃，打着“自我责任”的幌子，“个人安全”被搁置起来。简单地讲：健康和生命都被排在了金钱的后面。随着经济发展低迷、经济全球化等客观因素的影响，社会上的各种风险不断增加。于是，学会保护自己、强调自我的意识已深入人心，这就是我的分析。

经济低迷导致经济停滞。从长远来看，如果人口高龄化、少子化现象继续发展下去，医疗、养老金等社会保障体系就会越来越脆弱，因此，人们的自我保护意识势必进一步增强。不安的阴云正笼罩着每个人，人们的自我保护意识难免被引向一个错误的方向，正因如此，患者大人、医闹等问题人群越来越多。

第二，医疗费用限制政策等外部环境的变化。从长远的角度来看，由于医疗费用限制政策的出台，患者负担增加、监管体制不严、医院的私有化等因素，患者负担的费用越来越高，他们开始对医疗提出“性价比”的要求。关于这一点，稍后还要作进一步阐述。但是，治疗效果存在个体差异，其中不乏无效病例。如果患者的“性价比”意识很强，就会理所当然地认为既然治疗无效，何必支付治疗费。

第三，医疗从业者的意识变化。服务行业通常奉行“客户至上”的原则。与我年轻时相比，服务行业的平均服务水平已经提高了好几个档次。这种潮流当然也会波及到医疗服务行业。通过“患者接待培训”提升患者满意度的医疗机构正在增加。这种变化不是坏事。

但是，“提升患者满意度”并不等于“问题患者”减少。据我所知，一些推广“患者接待培训”，把患者当成“患者大人”般服务的医院却正中“患者大人”们的下怀。这种方式无异于医方主动营造任由“问题患者”放肆的客观环境。作为一家医疗机构，最应考虑的是怎样解决医患纠纷，对医务工作者进行“患者接待培训”则另当别论。

第四，患者对地区医疗欠缺保护意识。在医疗费用限制政策的影响下，很多地区医疗机构迅速倒闭。新闻媒体也曾多次对此进行报道，但是，患者似乎并未认识到这个问题的严重性。医疗服务是一种存在地区限制的资源，也是一种公共资源。每个人都有责任维护这一资源，但现实往往与此背道而驰。

✣对医患纠纷的正确认识和思想准备

从我之前参与解决众多医患纠纷案件的经验来说，我认为：仅仅掌握一种基本方法或能力（包括系统和体制），就期待解决问题的想法显然是错误的。基本方法和能力是解决医患纠纷的“必备条件”，但不是“充分条件”。

那么，什么是“充分条件”？就是面对医患纠纷的正确认识和思想准备。

我在深刻认识医疗机构所处的客观环境变化的基础上，把解决医患纠纷时最重要的思想准备归纳为 12 大原则。接下来，在介绍实际案例的同时，我会对这些原则逐一进行讲解，希望医疗从业者将这些原则铭记在心。

02 迎击纠纷的 12 项原则

面对医患纠纷时，医务工作者应该怎样认清事实？怎样思考对策？怎样采取行动？本章把解决医患纠纷的基本原则归纳为 12 项。当你面对医患纠纷束手无策时，请在这些原则的基础上冷静地思考解决问题的方法。

大原则 1　没有解决不了的问题

请相信任何事情都是有原因的，任何问题都有解决的方法。

——诺曼·文森特·皮尔

世界上没有解决不了的问题。这是我面对纠纷案件的原点。任何事情都有结果，请带着这样的决心直面问题。无论你面对的问题多么复杂，“总会有解决的办法”，首先请相信自己。

“这不是唯心论吗？”也许有人这么想。但是，这一点在实践中非常重要。

面对纠纷，每个人都会变得焦虑不安。当一个人陷入不安时，他往往无法冷静地审视问题。思考能力下降，反应变得迟钝，更谈不上制订对策或思考解决方法。一个丧失自信的人，面对纠纷的解决能力将大大降低。所以，如果这时有值得信赖的人，不要犹豫，请你推心置腹地找他商量。在被卷入纠纷之前，请你提前创建一个网络互助平台，同时前往当地的医师协会或我所在的医保医师协会走一趟。

每年经我手解决的医患纠纷超过400件，无法解决的仅占其中很小的一部分。所以，我真心地希望每一位医疗从业者都记住一点：“没有解决不了的医患纠纷。”

✣挫折经历让我直面纠纷

我说的“解决”，是指“在某个时间点斩断纠纷，之后不再发生”。虽然其中也有一些结果不尽人意的案件。但至少因纠纷引发的扰医状况得到改善，医院的医疗秩序逐步恢复正常，在我看来，营造这种稳定的就医环境是我的目标之一。

天下没有解决不了的纠纷。我之所以这样认为，也许是从前所受的挫折和经验带给我的影响。

这原本是一件私事，拿出来讲也不免惭愧。早在11年前，我的次女因病去世，当时她只有19岁。在去世前的几年，只要有一线让她活下来的希望，我都会不顾一切地带她去。可是，我只能眼睁睁地看着她的症状稍有改善，身体却一天天衰弱下去。女儿也曾努力与病魔搏斗，也曾梦想考上某所高校。她是一个那么认真、那么热爱读书的孩子！身为人父，我只能无奈地送她离去。那种痛苦和遗憾永远无法释怀。

想要守护，却无法守护，我到底做错了什么？心被痛苦噬咬着。在女儿与病魔抗争的几年间，我已经完全看不到未来，也第一次有了辞职的想法，那时还是我工作以来最忙碌的日子。如果说这就是命运，那么现实太过残酷。仅仅眼前的事实，已经让我无法接受了。

我想通过忙碌的工作来逃避痛苦，于是产生了利用空闲时间受理一些其他工作，尤其是“医患纠纷咨询”的想法。

那些向我提出咨询的医生把所有的顾忌全部抛在一边。当我在听他们陈述的过程中产生疑问时，即使对方有不想说不便说的，我也会打破砂锅问到底。是女儿帮我找到了这个位置。每次受理咨询案件时，我都会对咨询者直言不讳，在一旁听到的同事有时甚至以为我在和咨询方吵架。

近年来，我在不断受理纠纷咨询案件的过程中，似乎开始找到了解决的办法，甚至开始“享受”其中的过程。

时光流逝，我渐渐发现自己似乎不再为丁点小事退缩不前了（在这个世界上，有的人比我经历的痛苦要多得多）。

不管多难，“总有解决的办法，总有一条通往罗马的大路”。相信它，你就会找到解决的方法，请不要忘记！

大原则 2　不要逃避纠纷

生命中不可避免的困境、失败、障碍，让我勇往直前，变得强大。

——华特·迪士尼

谁都不愿意看到医患纠纷发生，所以，经常有一些看见佯作不见，迟迟拖着不解决的纠纷案件。

“作为一名医生，与人纷争不成体统。”“明哲保身才是上策。”医务工作者中，总有一些因为怯懦不愿沾惹是非的人。如果放在从前，采取这种态度还可能蒙混过关。而现在，面对患者大人或医闹时，僵局就无可挽回了。

如果对纠纷置之不理，事态就会越闹越大。医务人员被搅得身心疲惫，院内环境也会失去应有的活力。如果因此导致医务人员相继辞职，医院的存续将变得岌岌可危。

所以，处理医患纠纷时，必须在事态还不至于无法挽回前，及时将问题扼杀在萌芽阶段。但现实往往不顺人意。我受理的咨询件也一样，“为什么没有早一点解决”的医患纠纷比比皆是，下面要讲的就是这样一个案例。一直以来，我的工作方式都是电话受理，为咨询方提供建议。院方如果对患者的问题行为置之不理，就可能发生医务人员失言等“意外变故”，结果无异于火上浇油。

医患纠纷事件薄 01 持续一年半的问题行为

“您好，我们这儿碰到一个难缠的患者。本来局面就够乱了，前几天，一个员工因为忍无可忍，又对这个患者说了不该说的话。结果，对方气势汹汹地声称‘名誉受损’，要起诉我们。现在该怎么办，您能提供帮助吗?”

电话是大阪府北部一家整形外科医院的 O 院长打来的。医疗机构因为与患者间发生纠纷导致名誉受损的案例并不多，为了确认到底发生了什么，我认真地听院长讲下去。

“问题患者”Y 为女性，现年 65 岁，一直独自生活。之前在其他医院做过右侧大腿股骨骨折复位固定术，术后为了康复治疗，从一年半前开始定期在 O 院治疗。

第一次来 O 院，Y 就因一件小事表示不满，是一个动辄出言不逊的麻烦制造者。另外，每次来院，她都赶在规定的诊疗时间即将结束时。这种行为本身就不礼貌，她还长时间待在洗手间里不出来，有时达 30 分钟之久。医务人员一再强调让她早点来院，但她置若罔闻，还与候诊室中的其他患者闹不愉快。这种情形已经持续了一年半。

面对该患者的一系列问题行为，院方忍无可忍，终于向她提出协商要求。当双方面对面坐下来沟通时，院方派出的是事务长和诊疗科室的主管负责人——理疗师。两人向 Y 提出希望其改善问题行为，但对方不予理睬，双方沟通了一个小时，Y 仍然反复强调："问题出在 O 院接待病人的方式。"

"这时，我们的人忍不住说了一句不该说的话。"

听到这儿，我向 O 院长询问：

"说了什么？"

"好像是听到其他患者的传言，说 Y'寻找各种理由拖欠医疗费'……"

"这些传言是事实吗？"

"不清楚！现在还不能确定。但是因为这句话，Y 勃然大怒，问'传言，谁说的？谁再说一遍试试看！如果传言属实，就是诋毁我的名誉，拿我当傻瓜。'结果，情况就变成现在这样了。"

"接下来呢？"

"当时我正在接诊其他患者，但是，歇斯底里的 Y 不管这一套，直接冲到诊疗室大闹。现场被搅得鸡飞狗跳，我只好一个劲儿地赔不是。结果，尽管这场风波暂时得到平息，但是，今后会怎样不好说，所以，打电话向您求助。”

尾内解决术 果敢应对，平息问题

事情的来龙去脉总算搞清楚了。但是，与其说患者Y，我更关心的其实是那名对Y说了不该说的话的医务人员。于是，我进一步向院长询问这个人的情况，了解到他秉性耿直，是一个工作责任感和正义感都很强的人，无论患者还是同事，对他的评价都很高。另外，面对Y的反复刁难，他一直隐忍不发。

听到这里，我向O院长提出以下4点建议：

第一，患者Y可以被归为社会弱势群体，但是，今后绝不能因此容忍她继续任性胡闹。对于这起持续时间长达一年半的事件一直搁置，作为院方最高负责人的O院长需要认真反省。今后，决不允许Y发生任何扰乱院内正常医疗秩序的不当行为，决不能纵容其提出的无理要求。首先要做好上述思想准备。

第二，医务人员的失言行为不能与Y的问题行为混为一谈。Y 的行为明显构成了对医院经营活动的扰乱。O 院医务人员长期承受巨大的精神压力和虐待，从这一点考虑，医务人员的失言行为值得同情，应酌情处理。

第三，今后对 Y 采取的具体对策。首先，如果 Y 再扬言“要起诉”，希望院方冷静地告知她，“如果有意起诉，请自便”。根据我以往的经验，对于自己的问题行为，即使错了，患者也佯作不知。相反，却对医疗机构说三道四，甚至扬言“要起诉”，其实多数只是威吓或虚张声势。因此，院方淡然处之即可。对于患者的扰医行为，应明确告知：“如果继续不改，我们会考虑通过法律途径解决。”如果对方还是充耳不闻，可以以律师名义在适当的时候启动法律程序，并将相关函件寄给对方。

第四，当问题陷入胶着状态时，提前做好准备，例如：按时间顺序将 Y 持续时间长达一年半的问题行为整理汇总成资料，以便在请求警方出面时随时提供相关资料说明。

几天后，O 院长打来电话。据他所说，我的建议已在本周内逐项落实。对于院方果断坚决的应对态度，Y 表现得非常惊讶，态度似乎开始有所软化。而且，这段日子基本不再来 O 院闹事了。

纠纷的教训　**纠纷的可怕之处在于无法逃避**

如果O院长早点采取措施，O院的医务人员就不会在长达一年半的时间内长期承受精神压力，也不至于说了不该说的话。在上述案例中，值得欣慰的是医务人员既没有因失言引咎辞职，也没有因心理蒙受阴影而生病。但是，在我参与的其他纠纷案中，因院方对“问题患者”迟迟不采取有效行动，导致处于风口浪尖的医务人员精神焦虑，工作积极性严重受挫，最终辞职。

无论是医患纠纷，还是债务问题，随着时间的流逝，事态只会变得越来越严重，问题是永远逃避不了的，这一点必须铭记。

大原则 3　设想最坏的局面

多一些准备，少一点伤害。

——让·德·拉·封丹

纠纷最可怕的地方是下一刻会发生一些什么无从得知。没人能揣摩出对方的心理，更可怕的是医务人员会受到暴力等不可预知的危害，所以必须设想最坏的可能性，提前做好防范准备。只要制订安全防范预案，做好充分的应对措施，即使对方的表现超出预料，也能从容面对。

所谓安全防范，就是对患者不可预知的行为和超出预料的表现提前做好两手，甚至三手准备。具体地讲，是建立和确保一个与警方和安防企业间完善的合作和联络机制、准备好与患方交涉的资料、保证协商时的安全防范工作、对谈话内容进行录音……并根据纠纷的具体情况调整或改变准备内容。另外，在全员间达成共识，与“问题患者”正面交锋，就问题做出果断处理。下面就介绍一个以安防工作为核心的具体案例。

医患纠纷事件薄 02　用药后没有疗效，要求医院承担责任！

“我们医院出了一个让人头疼的患者，动不动就大发雷霆，除了使用暴力威胁‘要起诉我们’或‘让我们吃不了兜着走’，还扬言‘你们必须治好我的眼睛’。请问现在该怎么办？”

电话是一个眼科医生打来的。不知道是偶然还是什么原因，最近来自眼科医生的咨询一件接着一件。我原本以为眼科不是医患纠纷的高发科室，看来现在得改变看法了。

“问题患者”是一名年轻的男性，今年刚满 21 岁。两个月前因麦粒肿来院治疗，初诊时做了麦粒肿切开术。术后分别于第二天、第三天来院复诊；第四天医院给他开了 4 天治疗量的药物。院长认为该患者需要后续治疗，但此后患者并未来院。

时间过了一周，该患者突然打来电话。开始是一副吵架寻衅的态度，接着怒气就爆发了。

“你们医院开的什么药？用了根本不见效。朋友给了我一种紫药水，效果好多了。你们是怎么开药的？明明有那种紫药水，为什么不开？”

“您能不能先来医院一趟？还有，您说的紫药水的药名是什么，能告诉我们吗？”医务人员刚说完，对方就发火了。

“用完了，我这儿现在没有。还有，给我药的朋友有事不在……”接着，就是一大堆抱怨：医院开的药用了根本不见效，你们医院必须负责；在你们医院治了几次，病情没有任何起色；既然如此，我干嘛支付治疗费；开的药用了无效，责任全在你们；你们必须治好我的眼睛，近期我就去医院找你们理论……

通话过程中，对方一直是这种态度。

尾内解决术 全员联动，协同应对

我又向院长询问了几个细节。

“这个患者是第一次来院吗？”

“不是，以前来过几次。我们经过调查发现：他在 15 岁那年第一次来我们医院就诊。以前也接受过麦粒肿治疗，还在我们院做过视力检查，配了一副眼镜。”

听完上述情况，我做出如下推理：这个患者在该院接受麦粒肿治疗后，效果不理想。虽然考虑过复诊，但是因为经济方面的因素暂时交不起治疗费。于是想了一招，“只要把治疗效果不好归咎于医院治疗不到位”，就能名正言顺地要求院方履行治疗义务。

我把这个推论告诉院长，他回答说：“其实我也是这么想的。只要患者遵医嘱接受正常治疗，病情不可能不好转。但是，对方体格壮实，而且动不动就发火，搞得医务人员十分头疼。”看来，院长在忧虑的同时，也很担心患者。

"您说该患者扬言'近期会到医院找你们理论'。据我的经验判断：现在医务人员并没有向他道歉，而且当面对质的态度比较坚决。所以，我认为对方来的可能性不大。但是，目前还不能掉以轻心，最好以对方突然闯入为前提做好一切准备。"

说完这些，我又提出4点建议。

第一，由于患者以胁迫的口吻，扬言"让你们吃不了兜着走"，所以，院方应设想最坏的可能。比如：对该患者采取暴力胁迫手段可能发生的最坏事态做好一切准备。另外，整理出一份关于本次纠纷经过的完整资料，派人前往距离最近的警局报备。还有，查询最近的警局联系电话，将相关信息备忘录张贴在院内电话附近的显著位置。

第二，"问题患者"来院时，首先告知其："本院准备另择正常诊疗时间以外的其他时间与您当面协商，现在请先静下心来接受治疗。"治疗期间，医务人员应尽量避免与其深入交谈，用冷静的态度面对该患者。另外，在约定时间与该患者见面时，不要派一个人，协商现场至少派两人（其中包括事务长）。视情况需要可以再派一人，这个人可以待在隔壁房间暂不出面。

第三，患者过去一直在该院接受治疗，可能也认识院长，不至于根本不通情达理。所以，双方沟通过程中只要出现一点转机，而且确认该患者的攻击行为背后确有经济方面的因素时，在谈话临近结束时，院方可以考虑以某种形式做出一些让步。

重点是在什么时间、什么状况下提出让步方案。如果在双方协商之初就提出，无异于给对方提供了一个乘虚而入的缺口，所以必须避免。

第四，在院内公布这起纠纷案的详情，确保全员协同应对、口径一致。万一患者突然采取暴力胁迫等行为，对医务人员造成潜在伤害，不要犹豫，立即通知警方介入。

听完我的建议后，院长立即开始行动。一方面派人把这起纠纷案的情况向辖区警方报备，提出协助申请。另一方面，召集院内员工说明本次医患纠纷案的经过，要求全员凡遇不可测的危险事态时，迅速联系警方。

在一系列周密的准备下，此后，这名患者再也没有出现。医院重归昔日平静，院方一颗悬着的心终于放下了。

纠纷的教训　构建紧急突发事态应对防线

在上述案例中，由于“问题患者”并未采取意外行动，所以，尽管不能说事情得到全面解决，但仍可以拿来作为对方可能采取暴力胁迫等行为时的应急预案参考。换句话说，当医务人员受到伤害或处于不利境遇时，院方应该提前通知警方报备，以防发生不测事态。

在此强调一点，即使“问题患者”后来没有继续寻衅滋事，院方的准备工作也不会白费。通过上述举措，该院成功地建立起一道与警方的合作防线，今后如遇类似事件，这道防线一定会发挥应有的作用。另外，与警方合作是解决与患方发生争端的一大支柱（参照第四章技术四）。关于暴言暴行应对措施，详见大原则 9。

大原则 4　做好“老患者也会提出索赔”的思想准备

芸芸众生，即使平时一副和善的面孔（略），也可能一瞬间变成十恶不赦的恶徒。

——夏目漱石《心》

最近，在接触医患纠纷案的过程中，我深刻地体会到一点：患者的忍耐范围越来越窄。患方的态度正渐渐变得不可捉摸。“怎么会为这点小事就怒不可遏？”“这点小事，不至于引起不满吧……”但是患者会认为：“我可是掏了钱的，发点脾气也情有可原！”这样的患者几乎比比皆是。

早在20世纪80年代，日本的医疗界开始流行一个词——“患者大人”。就是从那时起，我发现患者的就诊态度开始变得不可思议。“医疗也是服务行业，当然要拿顾客当上帝。”对于这种观点，我觉得有点儿别扭。从行业性质讲，医疗属于服务行业。但是，与餐饮业、销售业、酒店业相比，医疗行业存在本质的不同。医疗在从属公众服务业的同时，还有医疗行为的介入。医疗行为与一般性的服务和商品间存在一道明显的分水岭。

✣ 因为“无聊”找别扭

正如大家所知，日本的医疗服务是在医疗保险制度这一国民保险体制的基础上建立的。像我这样的普通工薪阶层，须按比例交纳保险金。普通人患病就诊时，医生会根据需要向患者提供相应的医疗服务。患者本人无需在门诊窗口缴纳诊疗费。但是，随着医疗体制逐渐向收费过渡，患方承担的缴费比例越来越高。现在，工薪阶层就医时需要承担30%的比例，加之医疗就诊费用越来越贵，医疗不再是一种特殊服务，而是与其他服务业相同，医疗行业按

“性价比”评价的趋势越来越明显。

“既然老子掏了钱，所以想怎样就怎样。”患者采取这种态度，说明他的常识本身出了问题，而且也是一种不文明的语言暴力的表现。在这类患者中，很多人把医院看成“出售医疗服务的店铺”，而且怀着这种态度与医院接触。

所谓医生，是国家投入巨额补助金，花大力气培养的稀缺资源，也是国家需要好好利用的宝贵财产。尤其在时下叫嚣医疗体制崩溃的客观环境下，如果医生在从医过程中，被迫背负一层沉重的患者率性胡为的压力，无异于违反社会公共利益，所以，这种现象必须坚决制止。

我在受理医患纠纷案咨询的过程中发现了一个问题：一名普通患者也会性情大变，突然变成“问题患者”。如果事件的起因是医疗机构服务不到位，还说得过去，但往往是一些压根想不到的琐事。

下面就介绍一个从一名普通患者变成“问题患者”的案例。

医患纠纷事件薄 03　因想找人聊天而成为麻烦制造者

“我们这儿出了一个让人头疼的患者……”

下午三点刚过，一家诊所的事务长打来电话。

让院方头疼的“问题患者”是一名60多岁的男性A。A是一个长期来该院就诊的患者，可以说是这家诊所的“老患者”。

A的性格属于大男人型，平时好管闲事。上午的诊疗时间一般第一个到达，然后神气十足地和陆续到来的其他患者东拉西扯地聊天。另外，他还经常带一些小零食塞给医务人员。

如果只是这些，倒不至于让院方头疼。问题是A和其他患者之间的聊天内容，以前只是东拉西扯地闲侃，最近，A居然开始传播一些对诊所不利的话。

“都是一些捕风捉影的事，所以让我们很难办。”事务长发愁地讲述了整个事情的始末。据说A散播“这家诊所随便给病人开药”之类的谣言，而这些话通过其他患者的议论传到事务长耳中。并且不是一两个患者，而是很多患者。这样一来，事务长认为“这可不是小事”，于是打电话向我求助。

现在，散播流言的A仍然像从前一样每天准时来诊所。有时，还热情地送医务人员一些小零食。其言行举止十分奇怪。但是，A的行为的确给该诊所造成了困扰。

听完这番介绍，在我的建议下，事务长就这件事专门约谈了 A 本人，希望了解情况是否属实，但之后我得到的答复居然是“还没有直接确认”。另外，该诊所对此事的处理态度显得模棱两可，似乎还在犹豫是否以其他患者的传言为由约谈 A，或者“诊所内部是否存在过失……”

于是，事务长先在院内调查与本案有关的情况，结果是“问过院内员工了，大家都说没这回事”。

尾内解决术 理直气壮地与患者面对面直接交涉

为了找出解决问题的线索，我进一步询问关于 A 的个人情况。

“A 的家庭情况怎样？”

“听说现在是一个人生活。”

“他平时给人感觉怎样？”

“以前在一家大型企业担任管理层。经常自我吹嘘，其他患者不太喜欢被他搭讪……”

听到这里，整个事件开始露出一丝希望的苗头。据我推测：目前 A 没有家人相伴，出于寂寞想找人聊天，所以每天借故来诊所看病。

只是还有一些地方解释不通。例如：出于寂寞想找人聊天可以理解，但造谣生事，议论诊所的是非是什么目的呢？对于这种情况，最好的方式不是单方面猜测，而应约见其本人好好谈一谈。

于是，我告诉事务长："建议您现在最好约这名患者好好谈一谈。"沟通过程中，注意首先强调："如果情况不属实，我们很抱歉。但是，现在我们听不少患者都在议论……"在此基础上，趁势追问对方为什么传播子虚乌有的谣言。如果对方的反应是抵赖，可以拿出强硬的态度，警告其"这件事的性质是诋毁他人名誉。作为院方，我们准备委托律师出面解决"。

对于曾经在大企业工作过的 A 来说，如果院方采取强硬措施应对，即使遇到非常事态，他仍可能表现得比较镇定。但几天后，我从事务长口中听说：对于这次约谈，A 本人倒是敞开心扉，对此前的行为比较坦白。

A 最初开始传播对诊所不利的谣言出于以下原因：

以前，这家诊所的医务人员经常陪他聊天。最近，来院就诊的患者人数日益增加，医务人员变得十分忙碌，再也抽不出空来陪他聊天。于是，A 出于不满，产生了给医务人员制造一点小麻烦的想法，开始对其他患者说三道四，说这家诊所对病人态度不好、随意开药……A 以为这样一来，医务人员就会重视和关注他了。

听了这番介绍，我觉得非常震惊，因为这起事件背后的原因太过孩子气，可能A在退休前曾经无限风光，是被众人百般奉承的重量级人物。所以才会凡事以自我为中心，习惯受到特殊待遇，否则就难以忍受。

结果，事务长也客气地告诉A："作为诊所，平时我们可以让医务人员多倾听您的心里话，但是，他们毕竟有工作要做。有时很难顾得过来，所以请您务必支持和理解。"听了院方的承诺，A表示接受，这件纠纷案就此顺利解决。

纠纷的教训　不要轻易下结论

当然，关于这起纠纷案的原因，事务长可能也有一些不明所以的地方。反而以为医务人员对某患者态度有些冷漠。但是，如果因为态度不好引发患者的不满，就说不过去了。正如这起纠纷案所示：在患者引发的医患纠纷中，大多是由意外或不起眼的小事引起的。因此，院方在考虑对策时决不能轻易下结论。

顺便提一句，在这起案件中，让我感到忧虑的是患者以前在一家大型企业担任过要职。当然，并不是所有纠纷案都会遇到相同的情况，但是，我受理的咨询件中，经常出现这种有资历的人物。这类人的共同特征是自尊心强，思维缜密，而且能言善辩（运用逻辑思维，把过错归咎于他人）。所以，一旦发生纷争，医疗机构处理起来相当麻烦。

✣ 注重人文关怀和心理疏导

下面再介绍一个长期就诊的患者突然向院方发起投诉的案件。

患者现年 80 岁，女性，在某医院就诊已长达 17 年。前一段时间，该院的诊疗室引进一套新系统（出于改善候诊室人数的考虑）。该患者来院时，拉住医务人员反复追问“为什么候诊的病人这么少”，医务人员只好一遍又一遍地解释。

这名患者本来就爱抱怨，但是，像这次这样纠缠不休地拉住医务人员不让走的情形之前从来没有出现过。另外，最近在候诊过程中，该患者开始向其他患者谈论该诊所的是非。为什么该患者的态度会突然变化？与前面的案例一样，院方百思不得其解，在接到该院院长的电话后，我建议他先试着了解该患者的个人信息。

经过调查发现：该患者膝下有两名子女，一儿一女。不久前女儿亡故，患者因情绪低落一直待在家中很少外出。儿子一直单身，两人住得相隔不远。本来有什么心里话可以跟女儿说，现在女儿去世，儿子也没有结婚生子，该患者与邻近的老人几乎没有交流。

对这名患者来说，到这家诊所看病是“唯一与外界沟通”的场所。但是，自从其与外界沟通的场所（候诊室）经院方改造后，“候诊的病人人数锐减”。也许正是这个缘故，让这名患者无法忍受，继而态度发生改变。

其实，院长在医务人员接待患者的问题上下了很多功夫，且一直秉承“热情接待患者，让患者宾至如归”的理念。当然，来此就诊的患者也很清楚这一点，因此不可能对诊所存在误解。

也就是说，像该案中这类长期来院的老患者，当其个人遭遇一些不可抗的变化时，也可能变成麻烦制造者。

如果经常来院的老患者突然发起投诉，院方首先应调查自身有无过失，同时认真听取患者的意见，体谅患者，注重人文关怀和心理疏导也很重要。

大原则 5　早应对是早解决的关键

将火苗掐灭在萌芽之中，是防止最后河流也无法阻止其蔓延之势的好办法。

——威廉·莎士比亚

及早应对，才能迅速平息纠纷。这是所有纠纷调解读物中都强调的基础中的基础，尽管这是不争的事实，可是在实际操作过程中往往力不从心。为什么？因为问题最终要落到医院最高责任人的经营观和组织氛围上。

医患纠纷要不得，与患者发生纠纷是医务人员处理不当……如果院方陷入这种思考误区，那么发生医患纠纷时，院方将很难及时采取措施，继而导致纠纷一拖再拖，陷入胶着状态。

“医患纠纷要不得”，在这种企业文化氛围下，医务人员会竭力掩盖纠纷，看见也佯作不见。“总有人出面解决”“过一阵儿就没事了”，如果医务人员持这种想法，就不会积极出面解决问题。

另外，医疗机构中认为“与患者发生纠纷是医务人员处理不当”的人很多。医务工作者大多做事谨慎、责任心强。即使患者找麻烦，也会先从自己身上找原因。在这种职场氛围下，一旦发生医患纠纷，责任往往首先归咎于引发纠纷的当事人身上。

与患者发生纠纷的当事人在为自己可能存在的过失自责的同时，内心受到巨大伤害，郁郁寡欢。对于这名员工，如果本来是自己人的院方却冷冰冰地指责他："责任在你，请你自己解决。"这名员工就会彻底落入绝望的境地。不但本职工作干得一团糟，纠纷也得不到解决。

当医患纠纷发生时，处事果断的医疗机构一定会勇敢地直面问题。调查问题的真相，在全员间统一认识，群策群力，思考对策，着手解决问题。相反，怯懦胆小的医疗机构只会退缩不前，躲在幕后，把责任归咎到员工身上。

接下来要讲的，就是一起因纠纷长期搁置，患者的恶劣行为升级，导致事态陷入僵局的案例。

医患纠纷事件薄 04　医闹型患者

"怎么办？最近我老公的身体状况越来越差。已经好几年了，那名女患者每次候诊时都没完没了地对其他患者说我们诊所的坏话。真希望她不要再来纠缠了，但是现在她每天都来。”

打电话求助的是位于大阪南部的G诊所的院长夫人，她同时兼任诊所的事务长。尽管她的语气听起来还算镇定，但从诉说的字里行间不难发现她的精神正处于极度煎熬中。据了解，电话中提到的那名患者的问题行为竟然已经持续了4~5年之久。于是，我向她询问有关这件纠纷案的具体情况。

患者E，女性，现年40出头。已婚，育有一子。从G诊所开业一年后起，一直来这家诊所看病。

“一开始，你们是否与这名女患者发生过矛盾？”

首先，为了找出让这名患者感到不快的原因，我问道。但是，院方夫人的回答是“没有”，看来院方似乎不清楚其中的原委。

如果这样，只有一追到底，顺藤摸瓜地查找原因了。想到这里，我接着问：

“这个患者最初说诊所的坏话，是刚来就诊时，还是就诊一段时间以后？”

“应该是过了一段时间。”

“每天到你们诊所就诊的患者有多少人？”

“现在每天约200人。最近一两年，就诊的患者人数越来越多，在本地，我们诊所的接诊量算是比较多的。”

听到夫人的回答，我突然灵光一闪：问题会不会出在患者人数增加，诊所接待患者的态度有所改变上？当我提出这个想法时，夫人也答道："您说得没错，现在每位患者的接诊时间有所缩短。和刚开业时相比，诊所整体的接诊业务量是增加的。"

仅仅据此判断，该诊所的接诊水平似乎没有下降。因为有"那家诊所的服务态度不错"的口碑，才有更多患者愿意前往这家诊所就医，这是一个有力的证据。

是医务人员的态度不好吗？似乎也不是。那么，只剩下一种可能：即患者故意采取扰医行为，定性是"医闹型患者"。

顺着这个思路，我进一步询问夫人。

"E 女士以前去过其他诊所看病吗？"

"现在只来我们一家。不久前我问过附近诊所的医生，似乎有人知道 E 的情况。听说不管她去哪家诊所，都在那里的候诊室谈论是非。以前在其他诊所受到过警告，之后就不去了。是不是因为这一点，才对我们这么刻薄？"

这个回答恰好印证了我的猜测。看来这位 E 女士的确可以被称为"医闹型患者"。每次她去诊所就医时，总会为一点小事发牢骚，受到警告就换一家，然后一遍又一遍重复相同的扰医行为。G 诊所可说是一个被盯上的运气不好的新目标，事实恐怕就是这样。

另一方面，对于这样一个不注意言行、随意谈论是非的“问题患者”，长期容忍甚至放纵其行为的G诊所也有问题。当我提出自己的看法时，夫人无奈地答道：“患者的住所距离诊所较近，如果贸然拒诊，一旦患者闹起来，我们也很为难。”

院方不希望让患者不快的接诊态度值得肯定，但是，没必要对患者的一切无理要求都听之任之。时间长了，就会被认为无论怎样要求都“理所应当”。这样一来，一点小事也会闹得鸡飞狗跳，院方反而骑虎难下了。

与患者E抓住G诊所的软肋——“对待患者认真负责，不轻易拒诊”的态度相对，院方的处事态度过于怯懦。

尾内解决术 通过警方的介入制止扰医行为

碰到这种特定人群时，医疗机构一时不知道采取什么措施应对很正常。但是，从医院危机管理层面而言，院方必须果断出击，改变行动方针，直面这类扰乱正常医疗秩序的行为，鉴于以上考虑，首先我告诉夫人不必继续忍耐，然后提出以下几点建议。

第一，诊所派专人前往最近的警局提出“受害申报”，同时携带一份简短的关于该“问题患者”的总结报告。

第二，向警局提出“受害申报”的同时，派人前往社区服务和安防部门报备，请求辖区警员经常协助巡查。另外，向来院就诊的所有患者公布本院隶属警员巡查地的消息，同时从警局购买“警察官立寄所”（日本民间提供警察人员巡逻时休息驻足的场所，其用意是表示警察人员随时会前来巡查。——译者注）字样的警示牌挂在诊所外面。

听完我建议寻求警方协助的意见后，起初夫人有些犹豫，但是，经过我的一番说服：“如果对当前事态继续搁置，今后诊所可能遭受更大损失，到时局面将变得不可收拾。”最终夫人答应照办。

后来，这个“问题患者”怎样呢？正在我担心的时候，院长夫人打来了电话。

对于这种民事纠纷案，警方的态度是原则上不介入。但是，最近这项原则有所改变。可能是院方带去的案件报告奏效了。警员对该诊所的院长和医务人员所处的困境深表同情，答应为他们提供帮助。不久，警方传唤 E 前往调查，可能因为惧怕，这个患者再也没有踏进 G 诊所半步。

纠纷的教训　早处理才能早解决

从表面上看，G 诊所不幸地成了医闹型患者眼中的饵食。但是，事实果真如此吗？我认为不是。

作为一家诊所，面向患者接诊时，会碰到什么样的患者事先无从知晓。在这个案例中，E 似乎物色到一家防御体制不严的医院，因为这一点，G 院成了 E 的目标。既然开设诊所面向患者接诊，院方就应该做好一切准备。即使发生性质恶劣的医患纠纷，也应事前做好充分准备才是上策。

大多数医疗机构最怕的就是因拒诊（或违反医疗义务）引发患者的不满。据日本医师法第 19 条，医疗机构如无正当事由，不得拒诊。不怀好意的医闹型患者中，不乏一些因熟知这条规定而肆意妄为的人。

在我看来，凡遇到医闹型患者，通过与对方协商，仍无法解决问题时，医疗机构或医生可以拒绝为其诊治。当然，拒诊时应以不中断该患者的后续治疗为前提，而是给对方介绍或推荐其他医院，尽最大可能照顾对方的情绪。采取这种措施应对，可能的选项宽了，院方也更容易面对纠纷果断出击。

回归正题，尽管这起纠纷案顺利解决，但是，G 诊所遭受伤害和影响的时间较长也是事实。解决医患纠纷的原则是早期应对，早期解决。迟迟搁置不决，危害的影响和范围只能更严重。作为医疗机构的一员，在发生医患纠纷时，不要看见佯作不见，而应召集全员，群策群力，将纠纷的火苗掐灭在萌芽状态。这一点至关重要。

大原则 6　善始善终

行百里者半九十。

——《战国策》

在一般性的企业经营过程中，只有交易双方在合同上签字盖章，才视为一单生意“成交”。无论一方怎样热情推销，只要决定最终结果的“成交”未决，销售业绩就跟不上。归根结底还是徒劳无功。解决医患纠纷也是同样的道理。

医患纠纷的结果与一般商业交易的形式不同。当然，引发纠纷的原因是否在医方，要看具体情况。但是，只要医方坦诚面对，患方的态度也会改变，有时经过双方交涉，事情会很快平息，有时甚至不了了之。如果问题解决圆满，当然无话可说。但是，如果医方在纠纷初期积极应对，到最后环节却处置不当，可能会重新激起患方的怒气，使问题趋于复杂化。

下面要讲的，就是这样一个典型案例。

医患纠纷事件薄 05 事件平息前纠纷再起

“一名女患者的老公突然打来电话，怒气冲冲地警告说：‘你们医院的接诊态度太差劲了，你们必须赔礼道歉。’请问现在该怎么办？”

这是大阪南部一家皮肤泌尿专科诊所的 K 院长打来的电话。我一时摸不着头脑，于是让他说得详细一点。

患者 A，女性，现年 60 多岁。本次纠纷案的事由起因于一周前这名患者来院就诊时。当天是月初，A 在咨询台提交了国民健康保险证。但是，工作人员翻开这本保险证的内页时，发现保险证上写着另一个患者 B 的名字。

“请问，这是您本人的保险证吗？”工作人员询问时，A 才发现自己拿的是另一个人的保险证。

“可是，我的保险证在哪儿？来这儿看病时，我就带了一个证啊！”A 答道。对此，工作人员只好回答说：“我们诊所的确有一个叫 B 的患者。这样吧，我先帮您问一下。”

说完，工作人员立即拨通患者 B 留的家中座机，B 恰好不在。于是，工作人员把情况如实告诉了 A，谁知 A 却责怪道：

“是不是你们搞错了？”

被 A 一阵数落后，工作人员一肚子委屈，于是小声地回应：“应该不会搞错，我们再调查一下。”

这句话让 A 相当不快，接下来的事态发展，这里暂且不提。

中午过后，诊所的工作人员再次联系 B。这次 B 本人接了电话。结果不出所料，B 手里拿的正是 A 的保险证。

“保险证的颜色一模一样，所以，可能真是我搞错了。”起初 B 这么说。刚说完，又立刻否认：“不对，那天是咨询台的一个工作人员把这个证交给我的。我记得很清楚，那个女孩很年轻，妆化得很浓。”

B 口中的工作人员是 20 岁出头的小 X。小 X 负责夜间事务，从 B 说的情况判断：很明显是小 X 弄错了保险证。

好在 B 家住得距离诊所不远。打完电话后没过几分钟，B 就带着 A 的保险证赶来了，同时取走了自己的保险证。

这时，工作人员把事情的前后经过原原本本地报告了K院长。院长立刻交代："马上给A家里打电话，道歉说由于我们诊所负责夜间事务的工作人员失误，没有核实保险内页，造成患者拿错保险证的问题。另外，请患者来院取走自己的保险证。"接到指示，工作人员立即给A家里打电话。当时A不在，电话是她的丈夫接的。这个人恰好也是经常来这家诊所就诊的患者之一。听完工作人员的说明，对方说因为次日需要来院复诊，到时一并取走A的保险证。事情发展到这里，本该就此告一段落。

第二天，A的丈夫来院时，恰好碰到诊所最忙的高峰时间。可能因为这个缘故，工作人员只是简单地道了歉，然后就取出A的保险证交给对方。虽然当时对方什么也没说，但次日，就发生了院长打电话向我求助的情况。

尾内解决术　应对不慎导致问题复杂化

听完整个事情的经过，我不由得叹了一口气。在事件即将结束的收尾阶段，如果诊所的工作人员能够认真诚恳地向对方表达歉意，就不至于激怒对方，令事情变成现在的局面。另外，院长对事件的理解和认识不够深刻也是一大问题。当务之急，我提出以下几点建议。

第一，A 丈夫的不满可想而知。事件发生之初，就是诊所的工作不到位。对于拿错其他患者保险证的 A 来说，出面应对的工作人员在确认整个事件经过前，俨然一副把责任推到 A 身上的口吻。而且，实际过失不在患者 A，而出在诊所自身。从道理上讲，诊所应该就此事派专人带着 A 的保险证亲自上门送还并道歉。但是，在 A 丈夫到医院取回保险证的端口，再次引燃纠纷的火种。

A 丈夫满以为会得到诊所诚恳的道歉，结果，连一句对不起都没听到。不痛快乃至找后账是可以预见的。所以，诊所必须认真反省。

第二，若想解决这个问题，除了诊所向 A 夫妇表示诚恳的道歉之外没有其他办法。当然，建议这次最好由院长本人亲自登门。在表达来意的过程中，有必要将整个事件的原委，比如为什么交接保险证出错？当时工作人员发生失误背后的原因是什么？为避免类似情况今后再发，诊所决定采取何种对策……一五一十地告知 A 夫妇。

第三，登门道歉时，态度必须诚恳。但是，假设对方顺水推舟，态度发生一百八十度转变，有时情况也可能急转直下。此时必须记住：一旦己方诚意未获首肯，对方又

突然趁势提出不当要求，可以当场断然拒绝。

后来，据院长所说，在他亲自上门表示诚恳的歉意后，得到了A夫妇的谅解，事情总算告一段落。

纠纷的教训　解决纠纷必须获得对方的谅解

在这件纠纷案中，对方只是普普通通的患者，而不是医闹。在事件发生之初，解决保险证丢失的阶段，对于把找回的保险证交还患者本人，并表达歉意的“纠纷解决收尾”这个非常关键的环节，院方没有落实到位。毋宁说，该院对于解决纷争收尾阶段的重要性认识不足。作为医疗机构，若已方存在过错时，即使工作再忙，也不应该只考虑自己方便，而忽视患方的感受。归根结底，拿出诚恳地向对方认错的态度是必须的。

患者要求的只有两点：一，找到保险证；二，负责的工作人员道歉（态度诚恳）。尽管院方运气不错，很快找到了保险证，也把丢失的保险证归还了患者。但采取的方式不够用心，导致本来一件“不是什么事”的小事，却衍变成难以解决的“棘手的纠纷案”。

在“解决纠纷的收尾阶段”，一般应从感性层面出发，让对方的怒气平息，因此应对时必须谨慎周到、态度诚恳。以这件纠纷案为例，找到丢失的保险证后，院方应该马上派专人带着保险证亲自上门道歉，同时表示："因为我们的工作失误给您带来了不便，请务必谅解"之类的话。

解决纠纷时，一定要全盘考虑各种可能。比如对方当前的感受？采取某项措施后，对方的心理会发生什么变化？这样处理能否获得对方的谅解？……与此同时，采取措施并付诸实施。换言之，就是站在患方的角度想问题、站在患方的角度处理问题。

在事件收尾阶段，还需要注意一点，即洞察和认清该纠纷案是否已经彻底解决。

在找我咨询的医生中，很多人事后仍然惴惴不安："××事件发生后，虽然患者再也没说什么，但是真的没问题吗？""患者唠唠叨叨地发了一通牢骚回去了，可是……"还是有人打电话向我咨询类似的情况。也就是说，一起医患纠纷案是否结束？医方往往无法做出清晰的判断，所以事后一段时间内仍然忐忑不安。的确，如果与患者发生纠纷的经历较少，怎样判断对方是否不再追究是一件很难的事。

一起医患纠纷案是否已经解决？对于我这样经验丰富

的人来说，通常能做出大致判断。但是，这个判断是否准确，我也不敢保证。所以，一味地不安或惶惶不可终日是不可取的。如果纠纷制造者再次来院就诊，因为有过一次经验教训，坦然从容面对就好。希望医务工作者能够带着自信，正常从事每一天的诊疗工作。

大原则 7　效益越好的医院越危险

得意之时也就临近了悬崖。

——德富芦花《寄生木》

效益越好的医院，医务人员工作越忙碌，分配给每个患者的时间也越短。在这种环境下，最容易发生的问题是医生说明不足。

另一方面，在候诊室等待的患者因为长时间等待，情绪变得焦躁不安，此时更容易引发医患纠纷。

有的医院因名声远扬、接受媒体采访等因素，前来就诊的患者人数激增。医院通过加大网络宣传力度等方式吸引患者当然不是坏事。但是，患者人数增加，医务人员工作忙碌也未必全是好事。

在我看来，一家医院配备的医务人员、床位数等指标应与医院的规模大小成比例，日均接诊量需要有一个限度。超过该限度时，为了追求效率，医务人员往往忙得不可开交。此时，无法保证医生仔细听取和询问每位患者病情的时间，说明不足不但容易引发误解，而且因为医务人员的态度简慢，患者很容易产生不信任或不满。

作为一家医疗机构，稳定运营基础、经济效益蒸蒸日上是好事，但背后隐藏着巨大的陷阱。下面就介绍一个实际的案例。

医患纠纷事件薄 06 对诊疗不信任

“一名患者打来电话称：吃了我们医院开的药后，一点效果也没有。对方要求返还治疗费，还说今晚就来取钱。现在该怎么办？”

这次打来电话的是一家内科医院的 C 院长。最近，我经常接到这类纠纷咨询件。的确，突然接到患者打来这种电话，往往让院方措手不及。

C 院是一家经营效益相当不错的医院，前来就诊的患者很多。经过了解，C 院长和患者间发生的纠纷经过如下：

患者是一名单身男性，现年 54 岁，在一家媒体公司做小时工。大约三个月前第一次来 C 院就诊。初诊时，患者主诉："以前有过阵发性头痛，最近觉得胃疼，而且发现大便发黑。但今天胃部无不适，排便正常，只希望医生帮助改善头疼的症状。"

根据患者的主诉——排出的大便呈黑色，院长怀疑该患者可能有消化道溃疡。但是，考虑到患者说头疼，首先改善其头疼症状，于是，院长开了治偏头疼的药。另外，还叮嘱患者次日来院验血和大便，之后患者取药走了。第二天，院长对患者做了几项检查，当时患者未表达任何不满。

一周后，患者再次来院，就诊时开始发泄不满："按医嘱服药后，头反而痛得更厉害了，于是自行停药。"由于该患者面色不佳，这次，院长先让其检查是否贫血，同时，因初诊时听患者说排出黑色便，还对患者做了肿瘤检查。当天，该患者在门诊交纳的费用达 4000 日元。

患者打来上述抗议电话，就发生在这次检查几天后。

尾内解决术 采用"禁止策略"

这时，患者肯定会想，我的症状不但没有好转，还白白花了一大笔冤枉钱。从一个靠打散工维持生计的低收入者的经济现状考虑，这么想并不奇怪。

“初诊时，患者的气色看起来确实很差，当时我也建议他先输液，等身体状况稍见改善再治疗，但他执意不肯，而且一再要求‘尽量少做检查或医疗处置’，后来我就没再坚持让他输液……”

患者一再要求“尽量少做检查或医疗处置”，看来是希望尽可能少花钱。

另外，因为院长对他反复强调：“如果服药后感觉不适，请马上停药，然后迅速联系我”，所以，无论从道义还是责任感来讲，在这方面院长并无过失。

听院长道明事件原委后，经过对双方间相互妥协的“中间点”的斟酌，我提出以下建议。

第一，今晚患者来院时，首先，院方应就现状——即导致其病情恶化的原因现在还不清楚，但病情恶化属实这一点诚恳地向对方表达歉意。

第二，鉴于患者已表明态度“今后不愿意再来 C 院看病”，为防止日后再生事端，建议 C 院出具一份转诊介绍函，将该患者介绍到其希望就诊的其他医院。

第三，对于患者提出的任何赔偿要求，原则上不予回应。但是，在采取以上两项措施的基础上，如果患者“表示谅解”，可以考虑最后退还其要求的治疗费。

当然，对于上述第三点建议，不少人可能持批评意见。但是，在处理实际问题时，我们不能墨守成规，不思变通，否则问题永远得不到解决。特别在该案中，患者并未提出过分的索赔要求，只是对实际治疗效果感到不满。究其根本，该患者并无恶意，这是我对整个纠纷案的观点。因此，如果退还治疗费能够平息对方的怒气，对医院来说也是有好处的。

当天夜里，这名患者果然怒气冲冲地来了。刚一落座，就开始滔滔不绝地发泄不满，现场气氛一度有些紧张。对此，院长先是诚恳地表示道歉，然后提出可以帮其介绍到其他医院，接下来，当院长表示愿意退还治疗费时，患者的怒气逐渐平息，事态总算缓和下来。据了解，该患者后来在介绍的医院经过诊断，被确诊为十二指肠溃疡，经过一段时间治疗，很快就痊愈了。

纠纷的教训　调查有无因候诊秩序混乱引发患者不满的情况

与这起纠纷案相似，门诊量多的医院更容易发生医务人员接诊草率、治疗粗心的情况。

再次重申，为确保诊疗工作质量，每名医生的日接诊量是“有限”的。像C院这样，如果医生忙得不可开交，即使患者想多说两句，也没机会开口。值得注意的是，当前来就诊的患者人数激增时，医生为每个患者分配的诊疗时间和质量必然受到影响，结果导致医患纠纷爆发。各诊疗机构一定要做好这方面的工作。

大原则8　没有过失，也会发生医患纠纷

发生在你身上的事情就是考验。做好迎接考验的准备，你会乐在其中。

——理查德·贝奇

不同的患者，即使接受相同的治疗，也不一定都有满意的疗效。同一种药，有的人吃了效果很好；有的人吃了不但没效，还可能引起某种并发症。正如在第一章“70%的医患纠纷源于患者的误解”中曾经提到，对于医疗的不确定性，患者很难理解。从医生的角度来看：当对某患者采用某种治疗方式或给予某种药物后，其症状应该好转。

但患者的病情依然久治不愈，这时，经常有患者怒气冲冲地闯入医院，把满腔怒气发泄到医务人员身上。

电视上播出的健康养生节目的收视率居高不下。当网络、杂志等媒体上登出的养生健康信息和知识越来越多时，普通人再也不像过去那样，对医疗知识一问三不知了。从普及健康的角度来说，这一变化值得肯定。但是，信息提供源忘了一件重要的事，即医疗的不确定性。“A疾病采用B疗法（或B药物）治疗时，效果显著”等单一化、表面化的信息很容易被普通人了解。这种宣传方式有传播快、受众广的好处，但是，接受信息的人可能会对某种疗法的治疗效果或某种药物产生与实际不符的期望。更有甚者，可能因为“自己的症状迟迟不见好转，是因为现在的主治医师水平差”等怀疑而引发医患纠纷。

因此，作为一名临床医生，在接诊患者之前，最好对“患者认为医疗是安全和无可挑剔的”这一幻想作好充分的认识和思想准备。同时，一定要以通俗易懂的方式反复向患者强调“今后实施的医疗行为存在风险”的事实，通过说明让患者一步步放弃不切实际的幻想。有时，即使医生一再强调，仍有患者认为“医生所说的风险不一定发生在自己身上”。但是，至少一定要把“医疗有风险”的概念传达给患者。

接下来，就介绍一个医疗机构无过失，但引发医患纠纷的案例。

医患纠纷事件薄 07 患者服药后，身上起皮疹

“今天早上接到一名患者家属打来的电话。对方气势汹汹地说怀疑患者服药后起药疹，要我们‘负责’。现在该怎么办？”

打电话求助的是某内科诊所的 D 院长。从他的叙述来看，患者为什么突发药疹？为什么患者家属提出强烈谴责？D 院长还一无所知。

医患之间因药疹问题引发纠纷的案例很多。如果医生开的处方药给患者造成严重健康损害，医生可能会被问责并承担损害赔偿责任。看来现在情况比较紧迫，必须迅速了解更具体的细节，于是我进一步询问院长。

该患者为男性，现年 36 岁。这次并非初诊，以前也曾多次到 D 诊所看病。

事发前一周的周五，该患者来院打流感疫苗。诊所先让患者填写了问诊单，接下来又为他测量了体温，当时体温是 37 ℃。因此，D 院长认为当天不宜接种流感疫苗。诊

断结果是急性上呼吸道感染，于是给患者开了解热镇痛剂、清痰止咳药和抗生素。

问题就是从这时开始的。据家属说，患者于次日周六面部开始起红疹，发现时红疹已经扩散到全身。当时，患者感觉很不舒服，而且食欲低下。所服用的药物是在给药当天的周五分两次吃的。

该患者以前从未起过皮疹，从本次服药后身上起红疹的情况推断，患者家属认为肯定是药疹，于是在周一早上打来电话。

接到家属的电话，D院长提出“让家属马上带患者来院”。另一方面，因为不知道该怎样处理这件事，才紧急拨打电话向我求助。

尾内解决术 不要急着“先赔礼道歉”

听完整个事件的原委说明后，我向D院长询问给病人开的处方药的说明书内容，同时迅速翻开一本《日本医药品目录》，查找这种药物的副作用信息，结果发现药物说明书的“不良反应”一栏明确规定：曾有药物过敏史者服用本药时，少数患者可出现皮疹、麻疹等不良反应。

事情到此算有了一些眉目。于是，我向D院长提出以下几点建议。

第一，无论对方怎样苛责，在目前原因不明的阶段，首先避免主动承认医生存在给药过失。同时明确告诉对方，今天之内，院方“会对情况进行充分调查后予以答复”。

经调查，如果过失确在己方，院方应立即诚恳地向患者赔礼道歉。但是，如果过失尚不明确，就因为患者及家属的苛责而立场动摇，“匆忙道歉”并采取实质性的道歉行动，则容易引起患方误解，认为院方应该承担过失。

第二，患者服药后身上起疹子的情况属实。但是，即使该患者过去从未发生药疹，也不能轻易断定本次的情况“不是药疹”。患者及其家属来院时，应耐心周到地出面接待。首先对目前皮肤症状的程度进行确认。如果症状进一步恶化，应迅速联系有合作关系的皮肤专科医院，然后派遣一名医护人员陪同患者前往就诊。

结果，该纠纷案后来的发展如下：

隔了一天，我接到D院长打来的电话。据说当天，在家属陪同下来院时，患者身上的疹子已遍布全身，严重部位呈水疱样红疹。见状，D院长立刻打电话联系一家附近的皮肤专科医院，并按我的建议派了一名医务人员陪同前往，紧急将患者送往该院救治。

经该院诊断，患者身上的皮肤症状不是药疹，而是“卡波西水痘样疹”。这种病是在患有特异性皮肤损害（多为遗传过敏性皮炎或湿疹）的基础上，患者突然感染单纯疱疹病毒后发生的一种皮肤病。因此又称“疱疹性湿疹”。确诊后，这名患者被要求立刻住院治疗。

第二天，拿到该院出具的正式诊断结果后，患者家属一脸歉意地来到D院长所在的诊所，为之前的冒失行为表示了歉意。D院长也为自己先前没有考虑到其他疾病的可能性向对方一再道歉。

这起纠纷案顺利地解决了，回顾整个事件的经过，D院长自己也认为：“患者在服药后不久，身上就起了严重的皮疹，怀疑药疹也是正常的。”

纠纷的教训　表示诚意有助于解决问题

正如这起医患纠纷案所示：即使医疗机构不存在过失，如果对患者及其家属处置不当，也会被误解为医方开药失误。另外，在这件纠纷案中，如果在其他医院给出“不是药疹”的诊断结果未明确之前，D院长采取逃避责任的态度或说了不该说的话，即使后来医患间的误会消除，患方也会因其失言，彻底失去对 D 院长和该诊所的信任。有时，甚至可能因为一两句不该说的话，遭到患者及家属的猛烈攻击。所以，面对医患纠纷时，首先医方必须保持冷静的头脑。

那么，汲取这起纠纷案的教训，院方可以掌握以下几种纠纷处理法。

第一，在查明原因之前，首先避免急着承认过失。调查清楚情况后，再做答复，不要匆忙道歉。此外，企图逃避追究己方可能存在过失的态度或持成见调查原因的态度都不可取。作为一名医务人员，从始至终，应秉承冷静客观的态度分析和调查原因，如果过失确在己方，就坦率地承认，并及时表达歉意。

第二，从症状恶化的患者立场出发思考问题。即便原因不明，面前的患者正受着皮肤症状突然恶化之苦。作为一名医务人员，不管责任是否在自己，都应秉承济世救人之心，诚心诚意地帮助患者解决发生的问题。在这起纠纷案中，D 院长迅速作出反应，先联系临近的一家皮肤专科医院，接着派人随同患者前往就诊。从实际情况分析，这一系列细致周到的安排非常重要。

大原则 9　决不允许等同于犯罪的暴言暴行

有克服恐惧的决心，就能克服恐惧。恐惧只存在于内心。

——戴尔·卡耐基《卡耐基名言集》

近年来，由患者的暴力言行引发的医患纠纷案迅速增加。前面曾经提到，医疗从业者大多个性坚忍，这一点值得称道。但是，作为一名医务工作者，没有必要事事迁就或忍受患方的暴力言行。医疗机构的工作环境本来就不应该让在这里工作的医务人员感到或面对危险，“决不允许等同于犯罪的暴言暴行”。无论医院的高层管理，还是一线医务工作者，都应该清醒地认识到这一点。

当然，除了提高医务人员的认识，还需要筹备具体应对方案。首先，医院应搞好与辖区警方之间的关系。即使现在没有发生患者的暴力行为，也可以就“在院内开展和组织员工学习防范患者暴力言行引发医疗纠纷的相关活动，邀请警方派人前往授课”等想法向警方提出申请。另外，平时构建良好和谐的警医关系也是方法之一。

在此基础上，建立一套完备的突发危险事态警方通报联络机制。另外，在院内候诊室等显著位置张贴宣传单，在上面明确标注“在本院发生任何影响或妨碍正常诊疗秩序的暴力行为时，院方将迅速通报警方”，这种方法也很奏效。

最近，日本某大学附属医院引进了一套系统，方式是在院内咨询台的办公桌底侧，不易被患者察觉的位置安装了一个紧急联络按钮。凡遇突发危险事态，工作人员只需按下该按钮，经过专门训练的男员工就会迅速赶到现场。当然，如遇患者采取暴力行为或损坏院内物品时，医务人员还会立即联系警方介入。

有了这些安防措施，不但能保证医务人员正常工作，在发生医患纠纷等不测事态时，还能调动全院力量保护员工不受侵害。由院方出面解决纠纷比什么都重要。

接下来，就介绍一个实际案例。

医患纠纷事件薄 08　打电话威胁说“我要杀了你”的患者

“我从一个朋友那儿听说了一件事，想跟您谈谈？”

电话是和我交往了十多年的一家诊所的 N 院长打来

的。据说他的朋友，S 眼科医院的 S 院长碰上了一起医患纠纷。一个来院复查的患者突然爆发，离开后还打来威胁电话，扬言要“杀人”。

这件事非同小可，我必须向 S 院长本人了解事件的具体情况。想到这里，我让 N 院长转告 S 院长尽快给我来一个电话。

没过多久，电话响了起来。

“你好，我是 S 眼科医院的 S。刚才接到 N 的电话，让我马上联系您。”

事件的经过是这样的。

患者 X，男性，现年 35 岁，因流行性结膜炎于一周前第一次前往 S 眼科医院就诊。事件发生在前天傍晚，X 来院复诊时。

当天，来 S 医院看病的患者很多，现场比较嘈杂。起初 X 并无异常表现，后来，在候诊室等了一个半小时后，他突然站起身，大声咆哮着开始发作。

“嗨，还要等到什么时候？”

X 大声吵嚷着，一边抡起拖鞋向现场的医务人员砸去，一边咣咣地敲着桌子大喊。不但如此，还把现场的一个女医务人员撞到一旁，而且恶狠狠地揪住赶来劝架的 S 院长的胸口不放。当时，在候诊室等待的 20 多名患者被眼前突如其来的一幕吓得左躲右闪，不少人干脆连病也顾不上看，慌忙逃离。

闹了一阵子，X 走了。十分钟后，他再次打来电话，似乎怒气还没有平息，对着 S 院长一顿臭骂。最后撂下一句“我要杀了你”，然后挂断了电话。

尾内解决术 构建警医协作机制

这个 X 到底是一个什么样的人？对此我觉得有必要了解。于是向 S 院长询问其背景，得知他在〇〇公司任职。

“哦，原来如此！”终于让我找到了一丝线索，因为这家公司在业界以给销售人员制定的销售定额过于严苛而名声在外。曾经有一段时间，该公司因强买强卖而饱受批评，甚至被新闻媒体披露。在该公司工作的人，擅长故弄玄虚或虚张声势可想而知。

解决这类纠纷案的方法，一般来说，需要向警方提出受害申报。

但是，S 院长接下来却说：

“现在我们还没有向警方提出受害申报。员工们私下纷纷议论，说‘再也不想碰到这么恐怖的事了，希望院方立即采取措施，否则就辞职'。没办法，我现在暂时请保安公司的人协助安全巡护，每天支出高达 14 800 日元，为解燃眉之急，只能做一些牺牲了。"

这个回答让我顿时无语。从客观上讲，保安公司存在严格的行业限制，不可能指望借保安公司之力解决暴力等违反社会的行为，有权执行管制的只有警方。我耐心地向 S 院长说明这种情况，建议他立刻向警方提出受害申报。

第二天，S 院长打来电话说，当天他和夫人一起赶到辖区警局提出受害申报。但警方的态度十分冷淡，回复说："这起纠纷目前难以立案。"

警方的反应其实在我意料之中。也就是说，X 向医务人员扔拖鞋是事实，但并未构成损坏院内物品的行为。另外，听到 X 威胁"要杀人"的只有 S 院长一人，立案证据不足。但是，警方表示会"联系并传唤 X 来一趟"，对于今后防止纠纷再发可能有一定效果。

那么，接下来怎么办呢？我向 S 院长提出以下建议。"先记住警局和我们事务所的联系电话，派人在院内咨询台和诊疗室等医务人员最容易看到的地方张贴。如果 X 强行闯入，就马上打电话。一、迅速联系警方。二、通知我们事务所。如果什么也不准备，就容易遇事慌乱，不知道干什么。现在只要按照这些步骤实施，应该能稳定局面，冷静地采取行动。”

结果，这件纠纷案的发展如下：

与我通话后，过了两天，警方给 S 院长打来电话，情况已发生巨大变化。原来，在警方传唤后，X 居然主动提出愿意和解。据警方说，X 的妻子与一个在 S 医院工作的医务人员相识，两家的孩子在同一所学校就读，还一起参加过 PTA 爱心活动。如果丈夫大闹 S 医院的事被宣扬出去，一家人以后就没脸继续在社区住下去了。所以，X 的妻子哭着央求其夫“去给医院赔礼道歉”。

作为患者，先寻衅滋事，在医院这种公共场合为所欲为，接着又主动提出和解，说起来，其言行太过放肆。用 S 院长的话讲，“即使对方现在突然改变态度，我也不想再见到他了”。但是，如果此时不予回应，双方僵持的局面可能进一步延续。于是，我建议 S 院长通过警方转告 X 院方愿意接受和解的提议即可。

两周后，S 院长再次打来电话，说这起纠纷发生后，再也没有 X 和家人的消息了。本以为对方至少会提着一些小礼品来院致歉，谁知一点动静也没有。尽管如此，一场风波似乎已经平息，至少 S 院目前已经恢复正常医疗秩序。

纠纷的教训　具有强制力的还是警方

这起纠纷案中的S院长自以为只要请保安公司协助，就能在某种程度上平息事态。万一不行，再向律师寻求帮助。在现实生活中，这种一发生问题，首先想找别人帮忙的人很多。但是，作为一家医疗机构的最高负责人，指望别人代为出面，与“问题患者”正面交锋的想法是行不通的。当然，遇到法律问题或法律纠纷，可以寻求律师提供法律服务。但是，对于发生在医疗一线的突发扰医行为，能够迅速控制局面的还是警方。

大原则10　不用对医师应诊义务反应过度

不要害怕你所恐惧的东西，否则真相会被抹杀。只要坚信自己是正确的，你就会变得无所畏惧。

——莫罕达斯·卡拉姆昌德·甘地

前文提到，日本医师法第19条第1项明确规定：医生从事医疗活动时，“如无正当事由，不得拒诊患者”。有的患者以此为依据，强行向医生提出无理要求，认为“不管碰到什么情况，医生都不能拒绝为病人诊治。不管什么患者，不管什么情况，医生都负有为患者提供诊疗服务的义务”。由于该“正当事由”内容不详，导致众多医疗一线的医务人员对医师应诊义务反应过度，对不知何时，自己会碰到“患者大人”或医闹型患者担惊受怕，惶惶不可终日。

从事治病救人这个行业的只有医生，普通人的生命和健康全部把握在他们手里，所以，这也是医生被政府赋予该义务的理由所在。

这里所说的“正当事由”，是从法律规定和政令等立场出发的解释，其规定非常严格，绝不能轻易下结论。但是，现实是医疗纠纷不断发生，深层次矛盾越来越多。现在，面对日趋“患者大人化”的患方，连司法部门的专家中也开始出现一些认为扰医行为可归入拒绝收诊之“正当事由”的声音。

✣记录对方的言行举止

这里暂且把法律条文放在一边。在我看来，从医者其实不必对医师应诊义务反应过度。

首先，患者采取暴力等犯罪行为时，医务人员可立即通知警方。即使当事人未诉诸暴力，如果出言不逊，对医务人员造成严重的精神伤害，或因采取不当行为扰乱正常医疗秩序，经院方警告仍不收敛或继续，从保护医务人员人身安全和健康的角度出发，可以拒绝为其诊治。实际上，我碰到过很多类似案例，也曾经向院方建议拒诊。

当然，如果患方态度十分强硬，可以将该患者的扰医行为记录下来。除了在记事薄上记录，还可以使用录音设备，记录该患者的相关扰医言行。这样一来，原则上“不介入民事案件”的警方也便于采取行动。一旦发生医患纠纷，相关资料还能派上用场。当然，拒诊时，还要考虑到对该患者可能造成的潜在影响。如果条件允许，还可以考虑推荐其他医院或协助对方转院。

顺便提一句，在我经历过的“拒诊”纠纷案中，经我判断确可以“拒诊”，结果后来没有一起案件产生大的遗留问题。医生拒诊时，患方的态度通常是“走着瞧，我去法院告你”“你拒诊的事一定会传到网上和媒体上”。但是，以我的个人经验判断，这些纠纷案并不符合起诉条件。即使有媒体听到消息后上门采访，患方的扰医行为也会被披露出去。当然，与患者性命攸关的拒诊案会接受法院裁决。但是，倘若患者的病情不严重，一般不会发生大的纠纷。

◎ 对院内扰医行为提出警告等处理措施的相关通知一例

患者须知
进入本院就诊时，凡发生以下扰乱医务人员正常诊疗活动和其他患者就诊的扰医行为时，医务人员可酌情拒诊，敬请谅解。 ① 在院内实施暴力行为或使用暴力语言，使就诊中的其他患者等感到不安或恐惧。 ② 未经许可，擅自对院内设施或医务人员拍照或录像。 ③ 无诊疗、探病等正当事由，强行闯入院内。 ④ 采取上述行为，且无视医务人员的制止或警告，继续扰医行为。

原警视厅搜查一科相关调查员兼慈惠医科大学总务部涉外室室长针对医患纠纷解决方法提出以下观点：因患者实施扰医行为导致拒诊时，医疗机关应做好详细记录，前往所辖上级部门报备，并详细说明事件经过。即使患者对自己的过错一字不提，向有关机构通报被拒诊之情况，只要医疗机构做到事前报备，上级部门也便于了解医疗机构遇到的问题。

◎ **医患纠纷报告一例**

医患纠纷报告	制作日期　　年　　月　　日
	部门
	姓名

患者姓名

联系方式

发生日期

	时间	事件经过（尽量客观）
纠纷内容		
纠纷内容		
潜在原因		
对策措施		

拒诊的方式很多。例如：对于反复采取扰医行为的

“问题患者”，提出两次警告，对方仍旧不改时，院方可直接告知：“对不起，您违反了本院设施管理规定，请自行离开。”另外，还可以采用足球比赛中，裁判员出示黄牌警告累计三次停止下一场参赛资格的方式。此时，医务人员可以以“请尊重其他患者就医”为由向其提出警告：“请不要大声喧哗”“请不要打扰其他患者”“请不要影响医生的正常诊疗工作”……另外，在门诊入口和候诊室等显著位置张贴“如遇妨碍正常诊疗工作的扰医行为，且不听劝告者，本院将通知警方出面解决”等宣传语的方式也有一定的警示效果。

另一方面，如果对方并无恶意，也没有扰乱正常医疗秩序的行为，仅因一点误解或医方的过错不满或发泄怒气时，应灵活处理。如果双方的信任关系难以修复，可约见患方进行沟通，期间提议“医患间的信任关系对诊疗工作不可或缺。遗憾的是，目前双方的关系已经无法挽回。如无意见，我们愿意为您介绍其他医院”，采取软着陆的方式加以解决。

下面，就通过一个案例来说明。

医患纠纷事件薄 09　“24 小时诊疗理所应当！”

“我们医院碰上一件棘手的纠纷案。”早上刚开始工作，我就接到 A 院的事务长打来的电话。提起 A 院，这是一家名声赫赫的大医院，在大阪府地区开设了多家分院。

从该院事务长的一席话来看，一定遇到了相当麻烦的问题。原来，这天大清早，一名自称患者家属的男子就赶到 A 院，在候诊室里大吼大叫：“昨天晚上你们的态度为什么那么差，想干什么？”然后就坐下来赖着不走。没办法，事务长只好将该男子先请到另一间办公室，让他稍等片刻，接着急忙打电话向我求助。

那么，电话的前一天究竟发生了什么？整个事件的经过原来是这样的。

前一天夜里将近十点，一个之前带着 10 岁男孩来 A 院看病的母亲打来电话，说“孩子在发高烧，想马上带来看急诊”。A 院是一家二级急诊医疗机构，但当天值班的只有一名外科医生。而且当晚九点过后，一名住院患者病情突然恶化，值班医生正忙得分不开身。接电话的护士告知对方实情，并建议其“联系其他医院试试”。

于是，这位母亲打电话给相邻市的 A 院下属的分院。

谁知那家医院的值班医生只有一个脑外科和一个整形外科医生，她再次被拒诊。接下来，这位母亲又四处打电话联系其他医院，居然没有一家医院愿意收治患儿。最后，这位母亲在网上查到家附近稍远的地方有一家夜间诊所，于是迅速带着孩子赶到那里，诊断结果是流感。

大清早第一个冲到 A 院的男子自称是这位母亲的小叔子。该男子衣着时髦，左手手腕上刺着一圈手镯样纹身。男子刚走进医院，就对着咨询台的工作人员大喊大叫。

“你们医院的牌子上明明写着一年 365 天，一天 24 小时全天候接诊，既然是急诊医院，就应该 24 小时接诊。为什么昨天晚上拒诊？牌子是骗人的吗？你们这是欺诈，必须承担责任，给我一个说法，否则我不会善罢甘休。”

一般来说，即使医院急诊 24 小时开放，如果医生人手不足，医务人员经过解释说明，患方通常会理解。但是，这起纠纷案的情况就不是这样了。根据事务长的叙述，我认为这件案件的原因可能如下：

当晚，A 院接电话的值班护士已经向患儿母亲说明了值班医生当时分不开身的情况。但是，患儿母亲因为着急，并未听清护士介绍的真实情况，而是错误地理解为“被对方冷冰冰地拒诊”。最后不得已带着患儿赶到某 24 小时夜间诊所。同时，这位母亲向小叔子，即“问题男子”讲述整个事件的经过时，可能存在夸大事实的倾向。于是，该男子摆出一副“这事包在我身上”的架势，接着就闯入A院……

上述情节只是我的猜测，但情况应该八九不离十。

不管怎么说，该男子现在就在A院，所以必须尽快采取措施。当事务长问他有什么要求时，虽然他没有明确提出赔偿，但从其“考虑到你们医院咨询台给我们造成的精神伤害，你们必须拿出诚意解决”的说法暗示，对方想让院方出钱平息事端。

尾内解决术 向纠纷当事人坦率地表达歉意

了解到事件真相的我立刻提出以下两点建议。

第一，自称“小叔子”的男子真实身份不明。而医疗机构与患者之间发生纠纷时，凡第三方介入，而非当事者本人时，事件走向往往陷入胶着状态。因此，原则上对该男子提出的任何赔偿要求不予回应。

第二，在该男子等待期间，应迅速联系纠纷案的当事人——患儿的母亲，在电话中再次客气地向其申明当晚院方没有拒绝收治的意思，而是因为现实情况不允许，不得已做出拒绝收治的决定。此外，拒诊时没有向对方推荐其他医院，未顾及其焦虑不安的心情，对此表达诚挚的歉意。如果对方接受道歉，可进一步委婉地让其联系寻衅男子，劝该男子离开。

事件发生后几天，我再次接到该院事务长打来的电话，据说整个事件的处理完全按我的建议进行。首先，事务长给那名患儿的母亲打了一个电话。打电话期间，由另一名行政负责人出面与“问题男子”继续周旋。

幸运的是，那名患儿的母亲恰好在家，电话顺利接通。按照我的建议，事务长先就前一晚值班人员未向对方推荐其他医院一事诚恳地表达了歉意，也获得了对方的谅解。随后，又告知其亲属来院寻衅的情况，希望当事人能打电话给男子劝说其离开。对方没有犹豫，立即打了电话。

“问题男子”接到当事人打来的电话后，态度立刻变了，随后撂下一句话：“听说你们主动道歉！既然如此，这次的事就算了。下次再遇到这种情况我一定带律师来，你们记住。”然后起身离开。此后，这个人再也没有出现。

纠纷的教训　不要忽视患者的情绪

至此，拒绝收治患者的A院的情况已经很清楚了。但是，该院拒诊时的确需要多一点对患者的人文关怀。如果当时工作人员很忙，腾不出空详细说明，至少应该把大阪府急救中心的相关信息告诉患儿家属，同时提一些建议。从这一点来说，这起纠纷案可说是一个因缺乏对患者的人文关怀而受到惩罚的例子。

毋庸置疑，这起案件中登场的自称“小叔子”的男子的问题行为决不允许。在我受理的案件中，由第三方介入而非当事者本人出面的情况很多。关于这类纠纷案，具体请参照“技术二　不与第三方交涉”的内容。

接下来，再介绍一个案例。

医患纠纷事件薄10　围绕患方（其父）死亡产生的芥蒂

“你们把人治死了，都是你们干的！”

这次找我咨询的是位于大阪府南部一家M诊所的事务长。据他讲述：该院的院长去一个患者家上门访诊时，患者家属出言不逊，说了上面的话。今后，他们不想再给这么无礼的人家看病了。这似乎是院长和事务长的真心话。“遭到患者及其家属辱骂时，医务人员也必须继续为其看病吗？如果拒绝，会不会被认定为拒诊？”事务长向我提出上述疑问。

说话带有暴力倾向的是一名定期在M诊所看病的高龄女患者（患有老年痴呆症）女儿的同居男友。从院长被指责“把人治死了”来看，这件事不同寻常。这句话的背后是否存在什么需要了解的细节？想到这里，我进一步追问：“您能讲得再详细一点儿吗？”

接下来，我对事务长的讲述进行了一番整理。

患者的家庭成员由患者本人、做看护的女儿和女儿的同居男友共三人构成。患者的丈夫不久前去世，生前一直在M诊所看病，似乎一直都很信任这家诊所。

但是，事务长说的是患者丈夫去世前的情况。现在，家庭成员之一的女儿似乎对M诊所产生了一些不信任感。事务长一直没有就其父的治疗经过进行详细说明，而对方可能不止一次地问过。

不管怎么说，对于事务长的解释“M院长对其父的治疗已竭尽所能，但不久病人还是不治而亡”这一点，患者的女儿可能产生了一丝疑虑：“今后（母亲）身上会不会发生类似的情况？”疑虑和担心的结果，是拿不定主意今后是继续在 M 诊所看病，还是去其他医院看病，于是她对男友谈起了这件事。

几天前，院长前往该患者家上门访诊时，其男友再次出言不逊。当天，在外上班的女儿曾经打电话向院长赔礼道歉，说“今后会和男友好好谈一谈”，院长一时克制了情绪。

因为患者一直发烧，院长觉得不能置之不管。于是几天后，再次前往该患者家，

当天，还是患者和其准女婿两人在家。诊疗结束后，院长正欲起身前往下一个患者家时，该男子逼近，又一次开始说很难听的话。接着就冒出前面的一句，最后还破口大骂，指责院长是他见过的人品最差的医生。结果，导致院长前往下一个患者家上门访诊的时间被延迟了 30 分钟之久。

结束当天所有上门访诊的工作，回到诊所的 M 院长，对于被该患者准女婿大肆侮辱一事气愤难耐，于是拨通该患者女儿的电话，把当天的事情原原本本地重述了一遍，然后表明态度：“虽然希望继续为你母亲看病，但是，如果今后你的男友继续无礼，恕我不便继续诊治。”

但是，包括患者的亡夫在内，这家人长期以来一直在

M 诊所就诊。因此，尽管 M 院长说了强硬的话，但对于是否会被指责“拒诊”，内心忐忑不安，于是通过事务长向我咨询。

尾内解决术 搞清楚谁是真正的交涉对象

听事务长讲述整个事件的经过时，我迅速整理出问题的重点。并提出以下建议。

第一，患者女儿对 M 院长不信任的原因是什么？在 M 院长为其父治疗时，是否发生过什么？患者女儿与院长之间是否存在某种芥蒂？

其父去世时，院长曾经对家属进行了说明，而且也取得了对方的理解。但是，现实往往相反。即使对方表面上表示理解，背后可能仍怀有一丝疑虑：“真的一点救活的办法也没有吗？”对于患者家属的心情，我非常理解。而 M 院长被指责“你们把人治死了”的说法背后多少有这方面的原因，这些隔阂和芥蒂不宜继续拖下去。

对此，我的建议是：关于其父去世的问题，作为院方，在彻底取得其女理解和认同为止，应该将死者死亡前的治疗经过等具体信息反复向家属进行耐心说明。到取得对方真正的谅解为止，可能需要花相当一段时间，但这件事必须要做。

第二，至于其同居的男友，完全不必将其作为交涉对象。所有交涉应通过患者女儿一个人进行。否则，今后其男友会变本加厉，甚至闯入诊所。关于这一点需要充分考虑并采取措施。在本次纠纷案中，尽管诉诸口头暴力，采取“冲动行为”的同居男友更容易成为关注焦点，但这个人并不是真正交涉的对象。

第三，从目前的情况看，M 院长与患者女儿间的信任关系已经破裂，现阶段继续诊疗显然不合适。因此，可以为其介绍其他医院，进行后续访诊和看护工作。如果主动把转诊推荐单交给患方，患方也更放心。

此后，听说事务长马上把我的建议告诉了院长。经过一番商议，院长与患者的女儿坦率地交换了意见。结果，尤其对于第三点，对方的答复是“希望 M 院长出面引荐一家自己以前看过病的医院”。听到该要求后，M 院长立刻出具了一封介绍函，据说对方很欣慰。

关于第一点，尽管 M 院长试着主动提起，但双方间的隔阂似乎并未消除，因此，今后还需要进一步腾出时间解决。

纠纷的教训　**往事是引发纠纷的间接原因**

如果没有关于医师应诊义务的法律条文制约，也许 M 院长早就中断了与该患者间的联系。那么，由于医师应诊义务的限制，即使医生在行医过程中遭到患者及其家属的诋毁或谩骂，医生也必须继续为其诊治吗？从常识角度来说，我认为没有必要。但是，从医院或医生本人的角度来说，患者家属为什么采取辱医行为？这需要查明背后的原因。

在这类医患纠纷案中，虽然人们的关注点容易被医师应诊义务和拒诊等问题吸引。但是，作为医方，最好从治疗等客观角度出发，冷静地调查事件发生前医生与患者家属间是否发生过什么，同时还要照顾患者家属的感情，在此基础上判断是否属于拒诊。否则，不但医患纠纷很难解决，事态还可能陷入胶着状态。

大原则 11　善后处理也重要

人不能两次踏入同一条河流。

——赫拉克利特

医方遭遇医患纠纷后，经过一番费时费力的忙碌，事件总算平息下来。即使这样，善后也不能掉以轻心。如果不能从问题中吸取教训，同样的事态可能再次上演。

对于从事件中获得的教训，院方应该做好防微杜渐的准备。通过经验积累，逐步提升医务人员处理和解决纠纷的能力，同时，从全局出发着手组建强有力的组织体系。

尤其当纠纷的原因源于医疗机构的工作流程时，对于提出索赔要求的患者，可以坦率告知："我们将以本次事件为契机，对工作流程进行大幅改善。为避免今后纠纷再发，请您予以大力协助。"这将在很大程度上照顾到患者及其家属的感情。一般来说，当院方做出上述表态后，患方通常会觉得"院方对本次的纠纷很重视，也进行了深刻反省"，这样怒气会得到平息。

每次受理医患纠纷咨询案时，我都会建议对方改善院内工作环境，同时了解该院的工作流程有无问题？业务有无瓶颈？医务人员中是否有人觉得精神压力大或疲劳？……因为这些看似不起眼的环节都存在引发医患纠纷的可能性。

但是，想在纠纷发生前，彻底消除引发纠纷的原因很难。为了防止纠纷再发，院方应围绕已发生过的纠纷案，对院内工作和业务流程进行调整，将各项工作落实到位。

接下来，就举一个因一起医患纠纷案，对院内部分工作流程做出调整的案例。

医患纠纷事件薄 11　把患者保险证的丢失归咎于员工的院长

“患者在我们这儿寄存的保险证不见了。工作人员找遍了，还是没找到。如果一直找不到，请问我们该怎么办?”

打来电话的是关西地区一家眼科诊所的负责人 A 院长。听起来似乎是第一次碰到这种情况，电话里对方的声音显得非常着急。几个月前，我曾经接到过一起关于保险证丢失的咨询件，那件事已完满解决。而这次的事件，显然还需要进一步了解。

患者是一名 30 多岁的女性，现加入一家大企业的健康保险工会，此前曾多次来 A 院看病。

A 院的业务流程如下：每月月初诊疗时，工作人员会要求患者把从咨询台领取的候诊号和保险证夹在一起上交。结账时，再把候诊号和保险证交还患者。

当天，该女患者把候诊号和保险证一起交出，当时值班的工作人员小 B 也确认无误。但结账时，却发现该女患者的保险证不见了。一般来说，由咨询台负责保管的保险证不会被其他人随意领走。所以，小 B 立刻在周围仔细寻找。可是找来找去怎么也找不到，无奈之下只好将此事汇报院长。

听说情况后，院长命令小 B 和管理处方的小 C 一起在现场再仔细查找一遍，结果还是没找到。考虑到让患者再等下去不合适，于是，院长向患者表示先派人寻找，有了结果会迅速联系对方，让其先回家等消息。

之后，院长让小 B 和小 C 打电话联系在该女患者之前结账的十几位患者，看看其中是否有人拿错了该女患者的保险证。

接到指示后，两人立刻开始打电话，但只联系到几个人，而且没有一个人发现拿错保险证。无计可施的院长只好打电话向我求助。

尾内解决术 吸取教训，改善业务流程

了解到整个事件的经过后，我向院长提出以下四点

建议。

第一，如果保险证在 A 诊所丢失属实，说明 A 诊所在管理方面存在漏洞。发生此类事件时，建议派人前往患者家赔礼道歉。

第二，保险证属于证明公民有效合法身份的重要证件，存在被人恶意盗用的可能。因此，应尽快告知并派专人陪同患者前往辖区警局挂失报备，同时向患者表达院方解决问题的诚意。

第三，与患者加入的大企业健康保险公会取得联系，咨询挂失保险的手续以及重新办理新保险证所需的时间，并将相关情况反馈给患者。

第四，彻底追查并落实保险证丢失的原因和去向，制定解决方案，立刻付诸实施。

在提出上述建议的同时，我又补充了一点："必须继续追查保险证的下落。"

院长一边"好的，好的"地应声表示同意，末了才说出自己的真实想法。

"这次的事件是咨询台的小 B 工作失误引起的。虽然她一直努力寻找丢失的保险证，但是，毕竟给患者造成了不便。所以，从某种程度上来讲，我觉得有必要对患者做出补偿。"

听了这番话，我不禁愕然。这是什么观点？作为一家医疗机构的最高负责人，不从内部业务流程上反思本次患者保险证丢失的原因，却将责任归咎于员工个人。没有反思院内组织体系方面的问题，却只想着出钱平息事端。

当院方摆出用钱解决问题的姿态时，很容易被患方误解为处理事情的态度不坦诚，而且很有可能会被对方抓住心理弱点，索要过分的赔偿。对此我向院长严肃申明，最后郑重地强调："要想解决纠纷，院长的思考方式是非常重要的。"然后挂了电话。

隔了一天，院长再次打来电话。说是经过反复思考，决定立刻按我的建议照办。首先派人前往患者家上门赔礼道歉，接着陪同其前往警局报备，然后又向健康保险公会咨询办理挂失手续事宜。另外，继续派人联系剩下的可能拿错保险证的患者。

就在只剩几名患者没联系上的当口，那张丢失的保险证找到了。原来，寄存在咨询台的保险证都摞在一起，工作人员不慎把两张保险证交给了同一名患者。接到报告后，院长立即派人去取，之后给女患者送去。

此外，院长也没有忘记我提出的第 4 点建议，对诊所内的业务流程重新进行了调整。把原来要求患者一起上交保险证和候诊号的方式改成在咨询台挂号时，由工作人员查验保险证后，当场交还患者。另外，还把调整工作流程一事告诉了该女患者。

纠纷的教训　通过业务改善，防止事件再发和提升患者满意度

从医疗机构的角度来说，努力把医疗纠纷控制在最小限是必须的。在此基础上，从纠纷中吸取教训，对业务流程进行改善，可以有助于防止事件再发，提高患者的满意度。

但是，早在几个月前，我也接到过一起因保险证丢失引发的医患纠纷案。由此可见，这种情况在日本国内相当普遍，可能每天都在发生。因此，建议各大医疗机构对保险证的移交管理过程重新进行检查。参考上述案例，如果将保险证移交改为工作人员查验保险证后当场交还患者的方式，一定能有效防止同类事件再发。

大原则 12　由领导层出面，构建强大的纠纷解决机制

制度不能超越领导者的能力。

——野村克也

医院高层管理的工作作风和思维模式往往反映在解决医患纠纷的过程中。如果高层管理认为医患纠纷案不该发生，那么，一旦问题发生，基层员工就可能运用各种手段隐瞒不报，掩盖事情真相。如果高层管理认为“患者挑起事端，是因为医务人员处理不当造成的”，就会把解决纠纷不当归咎于当事人。

一、解决医患纠纷，必须由院方出面，集结全员力量一致应对；

二、确保医务人员不受侵害；

三、在全员间共享医患纠纷案的教训，防止同类事件再发。

以上三点是处理医患纠纷的基本原则，建议各大医疗机构在工作中贯彻落实。

接下来要讲的是一起发生在某床位数达 1000 张的一家大学附属医院的医患纠纷案。也许有人会问：大学附属医院在处理医患纠纷方面应该更有经验才对。但是，现实往往未必如此，可以说很多大医院处理医患纠纷的态度是把问题推到当事人身上。

可以说，以这类医患纠纷案为契机，医疗机构的组织风气可能旧貌换新颜。

医患纠纷事件薄 12　患者因术后感染暴怒

“‘是你们医疗失误引起的，别指望我掏钱。把你的上司叫来，给我赔礼道歉。’我们院遇到一个这样纠缠不休的患者，怎么办？现在一点办法也没有。”

打电话的是某大学附属医院医疗安全管理对策室的室长 M 女士。据我所知，这家医院的床位数达 1000 张。规模这么大的医院，按理说应该具备处理突发医患纠纷的能力，但是现实情况并非如此。

我听 M 女士讲述了这起事件。

“问题患者” X 为男性，现年 50 多岁。从前在某银行供职，现在开了一家小型房地产公司。前段时间，因查出皮肤良性肿瘤，在这家大学附属医院住院，择日做了病灶切除，同时接受了局部皮肤移植。手术过程顺利，眼看就要出院了，谁知在出院前一天，患者的病情发生了变化。

因手术过程中使用的创伤被覆材料的原因，患者的伤口出现感染症状，主治医师向 X 说明出院日期需要延后时，X 大发雷霆，要求院方承担一天三万日元的特护室住院费用。

术前，尽管院方已就手术过程中可能出现因创伤被覆材料等原因引起术后感染的手术风险问题向 X 做了说明，X 也在手术知情同意书上签了字。但他根本不管这一套，只抓住“发生术后并发症是创伤被覆材料的使用方法不当造成”一点较真，对院方的一切说辞置之不理。面对 X 的威胁和恐吓，院方没辙，提出让 X 入住一天一万五千日元的个护病房，而且无需承担差额床位费，可以继续住院。

此后，出面与 X 周旋的事全权交给本次打电话求助的 M 女士负责。

院方原以为做出让步后，X 的态度会有所收敛，哪知对方的态度变得愈发蛮横，事态发展进一步升级。M 女士一天几次被传唤，不但反复多次强调“这是医疗事故”，还大肆叫嚣“和你没话说，把你们院长叫来，让他给我下跪认错”之类的狠话。最后，居然扬言“包括手术费在内，所有治疗费我一概不付”。

上述情况持续了一段时间，X 的感染症已经好转，但对方坚持不肯出院，闹了将近一个月，终于办理了出院手续。直到现在，不但医疗费没有支付，还几次三番到医院来闹。打电话时，对 M 女士夹杂着无理谩骂的侮辱性语言，而且动不动就要求院方赔钱。

尾内解决术 由院方出面应对，而不是个人

听完 M 女士的叙述，我的脑海中立刻清晰地浮现出该院处理纠纷时的懦弱和患者 X 嚣张模样的场景。

对于治疗过程中发生的“因不可抗力所致的结果”，若患者爆发不满并进一步提出不当要求，而院方始终采取妥协态度时，“因不可抗力所致的结果”的责任很有可能被全部归咎于院方。这可说是“患者大人”的一大典型表现。

话虽如此，听完整个事件的经过，我注意到一点：该院负责出面处理 X 纠纷案的只有 M 女士一个人。如果这种情况继续，M 的身心将不堪重负，甚至不排除引咎辞职的可能，这种现象必须避免。于是，我当机立断提出以下几点建议。

第一，该大学附属医院只派 M 一人出面处理此事是一大问题。本次纠纷案是院方必须面对的问题，应由院方出面处理。关于这一点，必须向院方申明。

第二，处理 X 纠纷案，应由诊疗科科长等负责。基本方针是调出患者病历，并以此为依据，向患者详细分析和说明治疗的全过程。说明过程中，一定要把医疗行为伴有

的不确定性，以及诊疗过程中存在不可预见因素的客观事实明确告知对方。尽管让患者理解起来非常困难，但必须反复多次耐心说明，直到获得对方的理解或在某种程度上让对方放弃继续追究。另外，若患者对一切解释充耳不闻，并继续对 M 女士使用侮辱性语言时，可明确告知对方将通知警方介入。

第三，关于医疗欠费问题，应从患者的经济背景等出发考虑。尽管 X 是某房地产公司的经营者，但目前可能存在受经济低迷等因素影响，企业经营状况不佳等问题。即便如此，也决不允许其继续采取暴力言行。从对方的经济因素考虑，可以提出分期支付的建议。

几天后，据 M 在电话中所述，首先把我的建议报告了院方。连同院长在内的相关领导认真听取了汇报。大家经过商议：对之前由 M 一人出面处理纠纷进行了反思，决定派其他高层管理出面应对。

第二天，院方邀请 X 来院，并派出 6 名高层领导参加协商。起初双方争执不下，经过院方反复解释治疗经过，表示拒绝 X 所提的一切不当要求。对于院方高层一致的强硬态度，X 一再耍赖仍不起作用，最终不抱希望，答应同意分期支付医疗费后离开。

另外，听说该院对这起医患纠纷进行了深刻反省，决定在医疗安全管理研修会上将该案作为典型进行宣传教育。

纠纷的教训　管理者必须做好思想准备

从这起医患纠纷案来看，处理医患纠纷时，院方的态度是否坚决果断，与其规模大小无关。医院高层管理平时注意做好处理各种突发事件的思想准备非常重要。作为医疗机关的高层管理，必须拿出敢于面对问题，任何问题都有办法解决的姿态，让每个员工获得信心。

奉行“金太郎糖果原则”（无论从哪面切下去，切面出现的都是一张金太郎的脸孔），在全员间统一理念和认识，是构建一个强有力的组织体系的基本条件。为了实现这一目标，需要具备愚公移山般的精神和努力。而且，医院高层管理需要与每个员工进行充分沟通，除此之外别无他法。

所谓医患纠纷，其实是闻味而趋、逐臭而至的结果。医患纠纷发生时，如果医院高层管理首先避之唯恐不及，医院必然变成滋生医患纠纷的温床。

直面医患纠纷的坚定意志和现场灵活应变的智慧，二者相加，就是一个强大的医疗机构体系。

03 洞悉纠纷的“本质”

从本章开始，本书将围绕处理医患纠纷的“技术”进行阐述。第一步是纠纷分析法、在这一步中，首先在考虑对策的基础上收集和分析材料，同时运用观察力和想象力，冷静客观地面对。分析纠纷的着眼点应集中在本章中提到的九点。

着眼点一　看清“真正的不满和诉求”

人们往往看见现象，却看不清本质。

对医患纠纷案进行分析时，什么最重要？答案恐怕是“真正的不满和诉求”。因为不搞清患方不满的真正原因，处理起来将变得很困难。

有这样一个例子。

A 医院一直面向患者提供上门访诊服务。有一个数年前一直在 A 院就医的高龄女患者。最近，医务人员前往患者家提供访诊服务时，不知什么缘故，患者的丈夫开始发泄不满。

不是借口“你态度太差，以后不要来了”，就是医务人员稍有微词，便毫不客气地指责“你什么意思”。医务人员索要患者的检查记录时，对方也用“想不起来放在哪儿了”之类的借口搪塞不拿。如果是以前，不用医务人员开口，对方早就拿出来了。那么，患者丈夫的态度为什么发生了变化？

从患者家属的抱怨分析：问题可能是院方提供的服务水平下降，所以招致对方不满。

实际上，该诊所以前负责上门访诊的护士只有一名，最近，院方对这项制度进行了调整，改为三人轮岗访诊制。据此，院长推测可能是患者对这项制度调整有意见。

“今后我们不想再给这个患者看病了，能拒诊吗?”院长在电话里问我。从上述情况分析，院长的推测也许没错。但是，一旦拒诊，可能进一步招致对方的愤怒。而且对方长期在该院就诊，如果问题只是服务水平下降，院方至于采取如此极端的拒诊行为吗?这种方式恐怕不可取。

于是，我向院长建议：“您是不是约患者的丈夫先谈一次?”院长接受了我的建议，不久就联系对方见面。“今天，您心里有什么想法尽管讲，不要顾虑。”刚一落座，院长便开门见山地说道。结果，对方的话让他有些意外，因为问题居然出在对院长本人不满。

“院长给人看病时，说话的口气总像把人当小孩儿一样。每次看完病，我妻子都不高兴。”

院长原本摆出一副站在对方立场努力沟通的姿态，谁知竟然遭到“伤害对方尊严行为”之类的批评。原来这件事因他而起，患者对医院产生不信任以及对护士采取的困扰行为都出在他身上。

◎ **投诉像一座冰山——曝光的问题只是冰山上的一角**

对方所说的未必是真正的要求

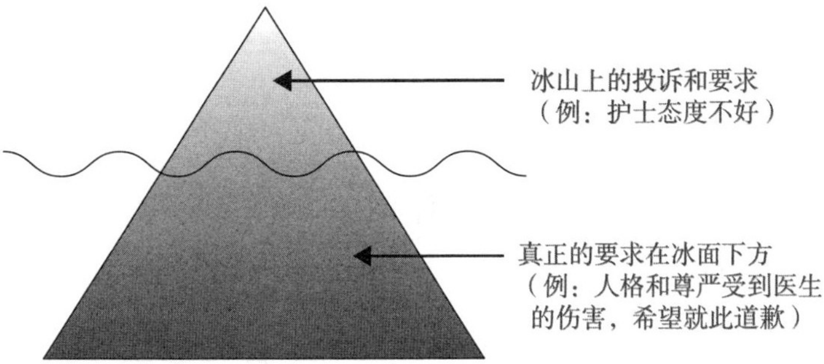

弄清这件事因自己而起的院长进行了深刻反省，从此开始注意与患者之间的沟通方式。但是，假设在这个案例中，院方不知道患者及其家属不满的真正原因，情况会怎样？也许院方的措施是提高护理水平和接待技巧。

此外，因亲人去世，悲伤之情难以抑制的患方家属把“怒气”撒到医疗机构身上的情况更是屡见不鲜。

患者投诉就像一座冰山。与冰面上的部分相比，潜藏在冰面以下的部分更多。冰面上曝光的一角，真正的根源其实潜藏在冰面以下。

所谓纠纷分析，就是分析和究明冰面以下的部分。对于把解决纠纷案作为毕生事业投入其中的我来说，找出冰面下的部分就是“最大的乐趣”。

医患纠纷事件薄 13 信任崩溃于瞬间

“一名患者打电话指责说：‘被查出癌症的时间太晚了。如果你们早一点采取措施，怎么会发展到这个地步。作为医生，你这是失职！’请问现在该怎么办？”

与处理患者投诉的纠纷案不同，发生与实际诊断有关的医患纠纷时，需要注意一个问题，即患者的主张有无确凿的根据。医方必须对此进行慎重调查，在此基础上采取措施应对。

此次向我寻求建议的是某内科诊所的院长，今年 40 多岁，正是年富力强的时候。对于此次由他本人出具的诊断，他原本十分自信。对于这次的事件，我认为有必要了解事件背后的真相，于是让院长找出该患者的病历。

患者为男性，现年 60 多岁。六年前在其他医院接受过胆结石治疗。从几年前开始来该诊所看病，平均每两个月定期来诊所复查一次。开始患者主诉“胆囊周围时感疼痛”，经 B 超检查未见异常。为慎重起见，患者还做了肿瘤指标检查，病历上也有“检测指标偏高”的历史记录。

院长认为需要观察一段时间。几个月前，该患者再次接受 B 超检查时，发现一小块息肉状增生，且肿瘤指标较前升高。院长怀疑是胆囊癌，于是立即出具一封介绍函，让患者前往临近的某大医院进一步做精密检查，经确诊为胆囊癌。

次月，该患者在推荐的大医院接受了胆囊切除术。出院后，因感觉在该院就诊太麻烦，回到原先的诊所打过几次点滴，之后一段时间内没来。接下来发生的情况诊所之后才知道，据说该患者的身体状况突然急转直下，再次住进了做手术的那家医院。如本节开头所述，术后半年，该患者突然打来电话。

尾内解决术 判断医患关系能否修复

从患者的立场来看：因为术后恢复情况不好，所以，想把让自己陷入痛苦境地的“替罪羊”揪出来，其心情可以理解。从院长的叙述可知：“患者的抵抗力一般，对此院方是知情的。”基于上述情况，我向院长提出以下几点建议。

第一，抛开医疗事故不提，不管怎样，诊所方未尽到向患者充分说明的义务，这让患者陷入了怀疑和不安。对此，该诊所应考虑向患者表达歉意。据我的经验，当诊所方拿出道歉的姿态时，往往能得到患方的谅解。从患者的立场出发，体谅其因身体状况而痛苦、焦虑不安的心情非常重要。

第二，在参考病历记录的基础上，多花一些时间，把自己以什么为依据、怎样做出判断、为什么这样判断等问题进行详细解释，力求获得对方的理解。如果手头有以前对患者所做的说明和患者的答复等资料，还可以拿出来作参考。关键是态度诚恳，在获得患者的理解前耐心说明。这一点是与患者比耐性。

当然，因感情纠结以及不信任等因素，在医生进行说明之初，可能患者根本听不进去。有时，还需要邀请律师等第三方介入。

但是，在本案中，至少到第二次住院为止，该患者仍然来过这家诊所。由此可见，患者与院长之间曾经相互信任。而且在该过程中，患者对院长所做的一系列诊断是理解的。因此，我认为“院长并未彻底失去患者的信任。只要拿出诚意，医患间的不信任关系仍有可能改善”。

第三，找时间与该患者推心置腹地谈一次。除了对诊疗过程进行“说明”，为了帮助患者早日脱离现在焦虑不安的状态，诊所应尽一切可能予以支持和帮助。另外，术后病人的情绪往往不稳定，院方应竭尽所能提供帮助，这一点可以由院长向患者当面提议。

第二天，院长与该患者取得联系，诚恳地邀请对方于当天诊疗工作结束后面谈一次。由于之前在电话中被“痛斥”过一顿，院长对面谈是否有进展并不确定。

但是，结果出人意料，当院长首先开口，一再就之前未体谅对方表达歉意，并对治疗过程进行详细的解释后，患者的情绪逐渐稳定下来。紧接着，患者把自己术前对手术的恐惧感、术后二次住院时绝望、痛苦以及不安的感觉一股脑地倒了出来。对于今后该患者必须面对的康复治疗，院长表示一定会给予全力支持并和对方进行了约定。至此，这件纠纷案圆满解决。

纠纷的教训　抗议也会变成投诉

重新回顾整个事件的过程，或许最初这名患者只是希望院长明白自己焦虑不安的心情。但是，在两次住院过程中，院长不但没有来看过一次，更没有过问一句。因此，患者采取上述行动表达“抗议”，或许这就是事件背后的真相。

患者大闹一场，结果，一通牢骚后事情解决了。对于这个简单到没劲的结局，有的读者也许会觉得失望。但是，患者这种把病情恶化归咎于某人的心情不能不理解。从患者的立场考虑，其真正的诉求也许只是把对未来的恐惧和不安减少到最小。归根结底，体谅患者的心情，拿出表态和行动，对于预防医患纠纷的发生有利无弊。

着眼点二　客观公正，实事求是

在分清“事实”和“感情”的基础上整理思绪。

当然，处理医患纠纷时，决不能带着先入为主的观念面对。基于客观事实，处理患者投诉是最重要的。医患纠纷是单纯的误解造成的？还是正当要求？如果不进行认真的分析调查，就大惊小怪，制造纠纷的始作俑者反而可能是医院。

所谓事实真相，在不同人眼中有不同的看法。因为信息通过视觉和听觉器官传输到大脑，引发喜怒哀乐等不同的情绪变化，继而形成各种情感和成见。换言之，信息是经过“加工”处理后的主观认识。

举个例子，某患者在发脾气。假设其怒气指数为 10，医务人员 A 看到后，可能觉得其怒气指数是 8；另一名医务人员 B 看到后，可能认为其怒气指数是 3。经过人们的道听途说或添油加醋，我们听到的往往不是真相，而是被扭曲的假象。因此，处理医患纠纷时，必须基于客观事实，理清事件的来龙去脉。

✣年轻员工需要接受顾客心理观察培训吗？

先说一件题外事。我听某营销顾问说："现在的年轻人，很多都不懂得揣摩客户的表情变化。"据说这是一起发生在某零售店的故事。来买东西的顾客因为店员服务态度不好，甩手扬长而去。看到这种情况，店长立刻叫来那名店员训话："顾客怎么生气走了？发生了什么？""顾客生气了吗？我没觉得有什么异常啊……"店员一脸茫然，店长气得说不出话来。

年轻一代是在电脑旁长大的，因此，不懂得揣摩他人心理变化的人似乎越来越多。这在我们上一代人中原本不存在问题。现在，面向年轻的营销人员做培训时，营销顾问不得不考虑到这个问题。从这一点来讲，负责培训一线年轻员工的管理者也必须对此加强认识。

言归正传，为了从客观公正的角度看待和把握发生的问题，第一，建议将发生的事件按时间顺序记录整理。有条件的话，可以把“问题患者”说过的话、医方的答复等内容一字不漏地记录下来。

对于因诊断引发的医患纠纷，梳理事件的全过程尤其重要。在参考患者病历的同时，应按时间顺序回顾整个事件的处理经过，例如：医生当时为什么做出这一判断？治疗效果和副作用是什么？当时是怎样向患者及其家属说明的？是否征求过患者本人的意见……怀疑治疗用药错误时，应重新核实药物说明书。

其次，引发事端的患者是一个什么样的人？对此进行调查并记录。如果患者曾经住院治疗，则需要对其历史治疗记录、就诊情况、参加的健康保险种类、家庭成员构成、工作单位、性格特征及院内评价等方面进行全面调查。对于初诊患者，也应利用保险证了解其工作单位等信息。

这些都是处理医患纠纷时非常重要的资料。如果还有其他值得注意的细节，即使存在某些主观化倾向，也可以记录下来备用。

着眼点三　站在患方的立场思考和行动

情感的共鸣能让对方的心平静下来，并转化为行动的推动力。

即使找不出医方过失，因医疗行为的不确定性致使病情经久不愈或恢复不好时，患者只能承受巨大的痛苦和折磨。这时，应该从患者的立场出发去思考和行动。

如前所述，病情恢复不理想时，如果患者一厢情愿地认为“只要去医院，病就能治好”“病情不见起色是治得不好”，他们就会找医生追究责任，继而爆发不满。

这时，有的医生也会寸步不让，认为病人怀疑自己的医术。但是，如果医患双方都不退让，局面将变得无法收拾。患者对治疗抱的期望太大是麻烦，但病情经久不愈也是事实。所以，医生除了冷静下来客观面对之外别无他法。

此时，医生应就治疗的全过程与患者一起重新回顾一遍。要不厌其烦地向其耐心说明当时为什么采取某治疗方法？为什么要做某项检查？直到取得对方理解。另外，对于患者目前恢复不理想的现状，还要适时地向对方说一些表示“治疗效果不够理想，我们也很遗憾”等同情和关怀的话。必要时还可以推荐其他医院，提出更多征求患者理解的选项，这些都是有效的解决方法。

医方开展诊疗活动的前提建立在医患间信任关系的基础上。如果医患关系有望修复，可以继续治疗。如果医患关系出现裂痕，重建将非常困难。即使介绍转院，也应努力就之前的治疗过程向患者进行说明，争取对方谅解。

另一方面，医疗机构存在过失时，医方必须更深刻地理解“站在患方的立场思考和行动”这一原则。在我受理的医患纠纷案中，有一起是诊疗过程中，患儿从椅子上摔落受伤。下面让我们一起看看这个案例。

医患纠纷事件薄 14　医生调节医用电动椅的高度时，患儿摔落

“一名来看病的小孩摔伤了脚，看样子疼得很厉害。我已经让孩子母亲带着小孩去市民医院了，会不会有麻烦？还有，我的处理是否得当？接下来该怎么办？请告诉我。”

这次打来电话的是位于大阪府北部一家五官科诊所的

H 院长。来看病的患儿在诊所内受伤，这件事非同小可。近年来，一些家长一碰到孩子的问题，就变得非常敏感。如果善后工作不到位，没准问题会进一步激化。院长的担心不无道理，想到这儿，我进一步询问详情。

患儿是一个七岁的男孩儿，因中耳炎来 H 诊所治疗。诊疗过程中需要使用一种可调节高度的医用电动椅。由于患者是儿童，诊疗过程中 H 院长抬高了座位的高度。

诊疗结束时，院长一边踩脚踏操纵杆一边降低治疗椅的高度。就在这时，意外的一幕发生了。

调整治疗椅高度的过程中，母亲正站在椅子前面，打算伸出手抱孩子下来。谁知，此时 H 院长正在踩脚踏杆降低椅子高度，而孩子迫不及待地向前探身，一时失去平衡，咣地一下就从椅子上摔了下来。尽管事发突然，但是，如果院长稍加留意，本来完全可以防止意外发生。

接着，院长立刻查看了孩子的伤势，发现膝盖有轻微擦痕，而且正在微微渗血。大概因为惊吓过度或疼痛，男孩儿顿时吓得大哭起来。

如果只是轻微擦伤，问题倒不大。如果伤势严重甚至骨折，情况就麻烦了。想到这里，H 院长当即决定让孩子母亲带孩子前往附近一家走十来分钟就能到达的市民医院仔细检查一下。

于是，院长先开了一张介绍函，为慎重起见，又给这家医院打了预约电话联系，然后让母亲带着孩子迅速前往该院。然后，孩子被母亲牵着手一瘸一拐地离开。

尾内解决术 主动提议承担治疗费

听 H 院长讲完他的处理措施后，我悬着的一颗心暂时放下。因为院长没有轻易做出小孩受伤程度不重的判断，而是开了一张介绍函，让患儿母亲带着孩子迅速前往一家市民医院进一步检查，还打了预约电话。当时，面对突发事态，H 院长肯定也很慌乱，但他还是相对冷静地对事情进行了迅速处理。

但是，院长采取的措施显然不够完美。听完他的讲述，我第一个想到的问题是患儿母子徒步前往市民医院。

既然当时患儿看起来非常疼痛，哪怕那家市民医院再近，为什么不安排出租车送这对母子前往？我向院长提出这个问题，回答是当时忙乱，一时疏忽了。小孩一瘸一拐地走路可能导致症状进一步恶化，因此院长的考虑不够周全。

顺便说一句，为了事后再次确认所做的处置有无疏漏，可以换位思考，假设出事的是自己的家人会怎么办？如果是我的父母摔伤了脚准备去医院，我一定会首先问老人想怎么去？问清后再陪同前往。

于是，我在指出院长个别处置欠妥的基础上，向他提出以下两点建议。

第一，马上给患儿家打电话询问情况。院长在事故发生后第一时间打电话给我，据此推断，患儿现在可能仍在市民医院，还没有回家。因此，估计患儿母子回家的大致时间，到时打电话联系，了解孩子在市民医院的诊断情况和结果，同时，再次就孩子在本院受伤一事向其母道歉。

第二，向对方询问在市民医院看病的诊疗花销，之后提出由本院承担。

过了两天，H 院长打来电话，说已经给患儿家打过电话了，据说孩子伤得不重。另外，对于院长亲自打电话和介绍前往市民医院一事，患儿的母亲表示了感谢。

看起来，H 院长在打电话给患儿的母亲时，其实已经做好了被对方斥责的思想准备，谁知对方不但没有生气，反而向他表示感谢，因此一颗紧绷的心终于松了下来。电话另一端，院长的语气里甚至带着一丝兴奋。

纠纷的教训　体谅患者心情的技巧（一）

这起案例中，我提出的建议关键是让患方看到院长的诚意。在事故发生的初期阶段，及时采取措施处理是避免事态陷入僵局的最大要点。特别是这起事故，如果采取措施不及时，稍后不知情的孩子父亲或祖父母等其他家人出面，七嘴八舌，东一句西一句，事态很可能陷入僵局。在事发时不在现场的其他家属出面前，及时采取措施获得对方的理解必不可少。

回顾这起事故中院方的处理，到介绍患儿母子前往临近医院检查为止做得都很好。但是，即使距离再近，让患儿母子步行前往显然处置失当。如果条件允许，至少应该派一名医务人员陪同前往。同样的话再重申一遍，即使孩子受伤的程度较轻，如果此时处理不当，接下来问题可能变得更糟。因为孩子的父母尤其敏感，很容易与院方发生争执或冲突。

此外，还有一个患者在诊所内发生意外的案例。在这起案件中，医方为在本诊所受伤的患者介绍了另一家医院，也做了 CT 扫描，但还是激怒了患者家属。

医患纠纷事件薄 15　患者面部撞地，引发内出血

“我们医务人员在照顾患者入浴过程中，有一名患者不慎摔倒。刚打电话给院长，院长让我们马上向您求助，请问接下来我们该怎么办?”

这次的咨询案例是一起罕见的在陪护过程中发生的纠纷。打电话的是 X 诊所日托服务的主任。电话中，对方虽然措辞礼貌得体，说话的速度却出奇地快，很明显此时内心十分不安。

这家诊所的院长我并不认识，可能在哪儿听说过我的名字。第一次受理与陪护服务有关的纠纷案，我也多少有点不安。但转念一想，既然对方指名找我，就必须做好思想准备，于是，我全神贯注地听对方讲述事件的经过。

患者 J，高龄女性，现年 90 多岁，经认定需要接受 5 级陪护。J 家附近有一个定期给其看病的主治医生，但那家诊所不提供日托陪护服务。一年前，在主治医师的推荐下，J 定期前往 X 诊所就诊。此后，每周一次接受该诊所提供的日托陪护服务。

X 诊所面向患者提供的陪护服务主要包括：入浴、康复训练、引流……可能因为这些治疗，原先卧床不起的 J

病情开始好转，渐渐地能坐起身来保持坐姿一段时间了。

在我接到电话的前一天下午，一场意外发生了。之前是陪护员按顺序帮患者一个一个洗澡。当天，排在前面洗澡的患者病情突然恶化，J进浴室时，前面还排着一名患者。负责陪护J的医护人员本来有两名，其中一人看到现场的情况，就转而协助同事照顾另一名患者。就在这一瞬间，J的身体失去平衡，一头栽倒在地。面部重重地撞在地上，面颊上明显可见内出血。

事故发生时，院长恰好不在。医护人员急忙拨通其手机汇报。接到电话后，院长立刻放下手中的事，转身直奔诊所。

院长回来后，立刻派人给J拍了X片，确认头盖骨内无异常。为慎重起见，又打电话联系附近一家大医院做CT扫描。预约成功后，立刻派人送J前往该院。

在这起事故中，患者家属的反应如何最为关键。我急于知道情况，于是插嘴问道：

“后来，你们是怎么向家属解释的？”

“我们先对家属说明了事故经过，接着说了送患者去附近医院的情况，但期间没有和患者的主治医生联系。因为这一点，家属很不满意，说‘一直请这个主治医生看病，为什么不先通知他’……”

接下来，双方陷入僵局。患者家属向 X 诊所的主任提出投诉："在你们诊所就拍了 X 片，是不是有什么问题？""以前你们这儿是不是也发生过类似事故？"……最后，还怒不可遏地扬言要去报警。这时，无论主任还是院长，都不知道该怎么办了。

主任毕竟年轻，说着说着，忍不住哭起来。

尾内解决术　首先让对方把所有的不满发泄出来

在听完整个事件介绍后，我的第一感觉是"本次事件的最大原因是医患双方沟通不足"。事故的原因在院方没错，但是，如果双方沟通顺畅，不至于发生受到患方如此非难甚至不信任。在综合这些问题的同时，我向对方提出以下三点建议。

第一，为了掌握患者受伤的详细状况，向做 CT 检查的医院了解检查结果。向 A 的主治医生详细汇报整个事故经过和检查结果。

第二，主治医生原定于次日前往 A 家上门访诊，建议 X 诊所的主任一起前往，向患者家属详细说明事故经过和受伤情况。由于患者家属对诊所和主治医生之间沟通不足表达了愤慨，所以一起前往是必须的。在三方沟通过程中，先听患者家属对本次的事故发泄不满，之后诚恳地表达歉意。另外，借此机会，认真听取患方对 X 诊所提供的日间陪护服务的意见和要求。

第三，本次道歉过后，还需要进行一次正式的赔礼道歉。建议改日，由 X 院长、主任和引发事故的三名陪护人员一同前往患者家上门道歉。期间，询问患方在推荐医院接受 CT 检查的花销，主动提出承担相关费用。

过了几天，X 诊所打来电话，说 CT 检查结果未见异常，心头的一块重石终于放下。接下来，主任立即按我的建议开始付诸实施。X 院长亲自带人前往患者家上门道歉，期间诚恳地表达了歉意。对方表示接受，末了还客气地说："这次的事让你们费心了。"

对于本次事故，事后主任进行了深刻反思："因为患者 J 的 ADL（ADL 在康复医学中指日常生活能力，反应了人们在家庭或医疗机构内、社区中最基本的能力，是康复医学中最基本和最重要的内容。——译者注）有所改善，能坐起身来保持坐姿一段时间，才使陪护工作发生疏忽和懈怠。"小疏忽往往造成大事故，因此，陪护人员必须时刻保持紧张的工作状态。不久，主任将本次事故的经过进行整理汇总，并上报至市政府。

纠纷的教训　体谅患者心情的技巧（二）

在上述两个案例中，患者家属都说出“让你们费心了”“你们特意……”之类的话。“处理纠纷须拿出诚意”，这样说可能不好理解。但是，怎样才能让患方主动说出上面的话？这需要医方采取让对方眼见为实的措施。

着眼点四　禁止暴言暴行

宽容是美德，忍耐不可取。

在参加一期杂志媒体项目策划节目时，我曾经和慈惠医科大学总务部涉外室室长横内昭光合作做过一期访谈节目。横内先生原是警视厅搜查一科的一名办事干练的刑警，退休后被返聘到慈惠医科大学专门负责处理院内暴力案件。工作性质是“院内警官”。一旦发现院内有医患暴力冲突迹象，立即向全院上下通报警情，并组织涉外室人员赶赴现场协助处理，同时采取院外劝退或向警方通报等方式进行应急处理。

横内先生是这样说的：

“慈惠医科大学附属医院解决院内医患暴力案件奉行两项基本原则。① 院内不允许任何暴力言行发生；②由院方出面保护医务人员的人身安全。不管发生任何情况，严禁在院内发生任何形式的暴力言行。在此基础上，医务人员应尽最大努力为患者提供高水平医疗服务。”

对此，我完全赞成。

当医务人员遭到患方的暴力言行时，应立即通报警方，同时提出受害申报，并携带纠纷经过的书面报告前往警局报备。现在，慈惠医科大学新配备了一种操作方便的小型 IC 录音机，在院内安装了几部。一旦有人发现纠纷迹象，可立即启动按钮录音。

录制患方的通话内容，是否需要征得对方同意，曾经有人对此提出质疑。关于这个问题，据日本最高法院（2000 年 7 月 12 日法院时报 1272 号第 6 页）下发的规定：即使未经当事人同意，另一方私自录制双方通话内容的行为不涉及违法。

但是，如果患者群对“去××医院看病，通话内容会被录音”持反对态度或私下议论，医院的声誉可能受损。因此，建议该院在院内公告栏张贴公告，向来院就诊的患者及家属明确告知：“本院为防止可能发生的院内暴力或扰乱正常医疗秩序的不当行为，您在就诊过程中的通话可能被录音录像，感谢您的理解和合作。”

顺便提一句，慈惠医科大学附属医院在硬件方面的措施如下：针对院内暴力行为高发的急诊科重点设置监控录像探头。在咨询台的办公桌下方设置一个隐秘的按钮，遇紧急突发状况，工作人员可以随时按下按钮，警报会立刻传至涉外室。另外，院内宣传栏上还张贴着防止院内暴力行为和性侵对策等公告。发生上述状况时，院方可拒绝为当事人继续提供诊疗服务。

当然，在院内公开张贴这类宣传公告，会不会引起患者的不快或使患者对医院的印象变差，有人可能提出此类质疑。据横内先生称：“这项方针的出发点是保护普通患者和医务人员，所以应该没问题。”实际上，据说自从宣传公告贴出后，并没有患者提出这些宣传公告让人不快。对此我也有同感。不但如此，听说后来连大阪府保险医疗协会也仿效该院的做法，制作了防止恶意行为的宣传品（参见 P130 图）。

◎ 防止扰医行为宣传海报一例（大阪府保险医疗协会制作）

<table>
<tr><td>

**患者就诊须知
对于任何形式的扰医行为，
本院有权拒绝提供诊疗服务**

凡诊疗过程中发生扰乱正常医疗秩序的不当言行或暴力行为时，医务人员有权拒绝继续提供诊疗服务。

① 凡对其他患者或医务人员实施性骚扰或暴力行为或存在相关迹象时；

② 在院内高声叫喊、采取暴力或威胁行为，对其他患者造成影响或妨碍医务人员的正常工作时；

③ 反复多次提出不合理要求，妨碍正常诊疗活动时；

④ 故意损毁院内建筑物和办公设施时；

⑤ 携带与就诊无关的危险品进入院内；

⑥ 在院内饮酒。

院长

</td></tr>
</table>

与可能实施暴力行为的患方交涉时的注意事项

- 派出两名以上工作人员出面交涉（比对方人数多）
- 对对方的任何呼唤不予理睬（院方存在明显过失时除外）
- 交涉最初的几分钟内保持沉默
- 在早期阶段，明确对方的要求
- 交涉过程中不沏茶，茶杯或茶水可能成为凶器利用
- 交涉现场不设烟灰缸、花瓶等易碎品
- 由院方出面处理，不要把责任推诿到个人身上
- 采取坚决的态度面对
- 会谈场所选择其他员工能迅速赶来支援的地点

- 明确负责人，交涉窗口一致化
- 双方隔着服务台或办公桌协商（与对方保持一定距离）
- 确保紧急逃生通道（选择坐在靠门的场所）
- 提前通知警方，与警方建立合作机制
- 提前做好录音准备（如有条件对协商过程录像）
- 做好对方也录音的准备
- 谨言慎行，尽量少说
- 别上对方挑衅的当
- 协商陷入僵局时，应及时中止
- 医务人员遭受暴力行为时，立即通知警方

实际上，与可能发生暴力行为的对方当面进行沟通时，需要付出很大的勇气和毅力。下面就介绍一个实际案例。

医患纠纷事件薄 16　动辄暴跳如雷的患者

“‘别的医生不行，我就想找你看病。如果你不答应，我可不敢保证这儿（医院）会变成什么样……’，有个患者正在我们这儿闹，怎么办？”

又是一起带有黑社会性质的医患暴力纠纷案，我一边听对方在电话另一头讲述，一边飞快地在笔记本上做记录。

本次威胁言行的主角是一个50多岁的男子。据打来电话的X医院的院长讲：Z原来是某暴力组织的成员，每周三次来X院做透析。起初Z在一家公立医院接受透析治疗，后来经介绍，改在离家较近的X院进行。

用一句话形容，Z是一个动不动就发脾气的主儿。X院的透析床位近30张，因此有时Z提出一些具体要求，医务人员不可能马上办到。于是，Z大吼大叫，火气顿时就上来了。这对其他患者造成极大困扰，患者们纷纷向院方提出投诉，有的甚至强烈要求“给他介绍其他医院，别让他继续在这儿看病了”。

束手无策之下，X院长只好联系当初介绍Z来本院就诊的公立医院，以短期检查住院为名送走这位患者。当时好说歹说，总算从医学角度征得Z的理解。谁知刚过两周，公立医院的主治医生打来电话，说：“Z希望回到X医院继续治疗。”

“什么，要回来？”

X院长一听就犯了难，如果己方提出不便收治，会不会被安上“拒诊”的罪名？于是，只好打电话向我求助。

尾内解决术 鼓起勇气，速战速决

对于 X 院长的询问，首先我答复如下：

“据日本医师法第 19 条规定，‘……如无正当事由，不得拒诊。’但是，这里的‘正当事由’是指医生本人因身体不适或患病等不可抗力情况。从社会认知角度来说，仅限公认迫不得已的情况。患者实施暴力行为须另当别论，如果仅因患方使用粗暴语言或说话方式让人不快，则不在拒诊之列。”

X 院长答道：

“这一点我清楚，但是，我和 A 之间的信任关系已经出现裂痕，而且其他医务人员都不愿意 A 回来继续治疗。”

“那么，X 医院附近还有其他有条件做透析治疗的医院吗？”

“邻镇还有一家，不过距离比较远。X 不愿意去那儿。”

听到这里，我把前面的信息重新梳理了一遍，然后提出以下建议：

“既然如此，长痛不如短痛。建议您现在最好对 A 把话挑明，让他今后不要再采取任何形式的扰医行为。尽管

Z 出言不逊，但他还是表达了想回贵医院继续治疗的意愿，至少有‘反省’或‘内疚’的表示。我认为他心里对院长您还是很信任的。这是解决这件事的关键。对这类人，最好短期内解决问题，速战速决。为了从心理上占据主动，建议您亲自去一趟公立医院，和 Z 好好谈一次。去的时候，记着带上两名男员工，千万不要单独前往。”

根据我的经验，前往这种场合交涉时，当事人必须拿出“胆魄”。

与 Z 谈话的要点是给对方留足面子，最后说明院方的考虑。此外，还可以向其建议：“今后，在您联系好其他住院场所之前，本院愿意提供一切力所能及的帮助。但前提是不允许再出现任何暴力言行。说话时必须平静语气、放慢语调，一字一句地表达清楚。”

从后来的结果看，这个方法完全超出我的预期，事件处理圆满收尾。

几天后，X 院长去 Z 的住院地探望。由于事前什么也不知道，对于院长的突然造访，Z 显得非常高兴。

谈话进行了一个多小时，趁着现场的气氛比较融洽时，院长直视着对方的眼睛，直奔主题、用平缓坚定的语调一字一句清晰地对今后的问题谈了院方的考虑。此时，Z 的表情一下僵住，好一会儿突然咆哮道：“你们居然给老子下套。”接着，看到平时一向和善的 X 院长郑重其事的表情，也许受到触动，Z 突然沉默，然后一言不发地听院长说完。

再说 X 院长，也许是坦诚相告的缘故，他紧绷的神经一下轻松了不少。随后，Z 突如其来的一句却让他惊讶不已。

“院长，以前给您添麻烦了。谢谢！”

说完，Z 竟然伸出手要与院长握手。Z 为什么冷不丁冒出这句话，直到现在，X 院长也没搞明白。但是，听到 X 院长坦诚相告，Z 受到触动是不争的事实。

说句老实话，我压根没料到事情会解决得如此顺利，虽然我不知道真相是什么，但是，X 院长对 Z 这样的“问题患者”坦诚相待，也许正是打开对方心扉的动力。“诚实”和“胆魄”，二者是处理医患纠纷强有力的武器。几天后，从 X 院长打来的电话，我再次确认了这一点。

此后不久，听说 Z 去了邻镇一家医院，曾经的纠纷再也没有发生过。我相信：此次风波过后，Z 一定也认识到自己之前的错误。

纠纷的教训 “诚实”和“胆魄”是解决问题的动力

提前思考解决问题的策略当然重要。但是，最后环节能否拿出“胆魄”，是决定问题处理结果的关键。这里所说的“胆魄”，是指与“问题患者”面对面交锋时，摆事实讲道理，有理有据有节的风范。

事件中的院长平素待人和善，举止斯文有礼，因此深受病人爱戴。但是，他并不是一个胆小怕事的人，而是处事冷静、魄力非凡。

也许连原为黑社会组织成员的患者，也看到并敬佩他身上的这种胆魄。一个平常待人和善，遇事时敢于表明态度，要求对方今后不再使用暴力的坚定果断的人，这恐怕是效果倍增的真正原因。

不管制定什么策略，如果不实施，就没有任何意义。成功的关键，是我主张的“胆魄”，有时甚至是“豁出去的胆魄”。

着眼点五 他院的诊断是引发纠纷的根源

“事后医生”不但不是“名医”，还会给病人带来困扰。

在我受理的医患纠纷案中，最让人头疼的莫过于同一种疾病，不同的医生诊断结果不同。现在，在一家医院看过病后，再去另一家医院看病的患者越来越多，这类问题也就应运而生。

从好的层面来讲，现在的患者不再盲目地把自己交给医生，而是对自己的健康和身体产生强烈的“责任感”。为了由自己决定对所患疾病采用何种治疗方式，更多患者开始要求医生更详细地说明与所患疾病有关的情况。如果对医生的说明不满意，有的患者还会前往其他医院就诊。从患者的心理角度分析，这种行为可以理解。

可是问题紧接着来了。如果两家医院的医生做出的诊断一致尚可，如果诊断结果不同，麻烦就来了。

下面介绍一个实际案例。

医患纠纷事件薄 17 主治医生对药物处方持“异议”

“我给一名患者开了一种药，但她以另一家医院的医生让她不要吃这种药为由，说诊疗费就算了，强硬要求我们返还处方费。请问怎么办？”

这次打来电话的是大阪府某脑神经外科医院的X院长。这家医院新开业一年半，电话中的患者不但要求X院返还费用，而且还清楚地将诊疗费和处方费分开，要求退还处方费。对于如此具体的要求，院长似乎十分震惊。

最近，对医院开具的收据内容仔细询问的患者越来越多。

向X院长要求退还处方费的是一个年过70的老年女性患者。本次以头晕为主诉，第一次来该院就诊。经过诊断，院长给这名患者开了一种眩晕和平衡障碍治疗剂，写完处方后交给患者。患者去窗口划价取药后，什么也没说就回家了。十天后，这名患者突然打来电话，在电话里喋喋不休地要求退还处方费。

“我患有糖尿病和高血压，常年在○○大学医院治疗。为了慎重起见，我带着X医生开的处方药找我的主治医生确认：看这种药我吃了有没有关系。谁知他看了以后，建议我最好不要吃这种药，我吓了一跳。医生，你干嘛给我开这种药？你得给我一个说法。”

对此，院长的回答是：“当时是仔细问过您的症状后，才开了这种药。”但患者依然表示不能理解。

“我的主治医生明确告诉我：这种药我不能吃。我不可能听错！”

“给您开的药，说明书上写得很清楚：消化道溃疡或哮喘史患者慎重使用，高龄患者适量酌减。我是经过慎重考虑才给您开的。”

“不，我的主治医生才是对的。所以，初诊的诊疗费就算了，处方费必须返还。否则，我跟你们没完。”

双方争执不休，结果，X院长提出在电话里解决不了问题，改日回复对方，便挂了电话，接着就打电话给我。

尾内解决术 当面交流说服对方

与这件纠纷案相似的咨询件，之前我受理过多起。这类问题经常发生，解决方法也相对简单。于是，首先我提出自己的观点。

“院长，您听说过‘事后医生是名医’这句话吧？也就是说，当患者前往几家医院就诊时，在他看来：最后看病的那个医生做出的诊断往往是最正确的。但这次的情况是：貌似更正确的‘事后医生’随便说了一句话，就让患者产生了对您这位‘事前医生’的不信任。”

“您的意思是患者不相信我，真让人生气。但现在我该怎么办呢？”

事态发展至此，我提出以下几点建议。

首先，尽量控制对患者的不良情绪。生气可以理解，但对解决问题没有帮助。患者从另一个医生口中听到截然相反的说明，因此对X院长产生怀疑，也是没办法的事情。其次，既然X院长认为对该患者的诊断没问题，可以试着邀请对方来一趟，当面拿出药物说明书，向其耐心解释处方本身没有问题的情况。而外院医生可能查阅了X院长开的处方药，看到药物说明书上写着“慎重用药”“适量酌减”等字样，随口说了一句“建议不要服用”的话而已。

于是，X院长马上与患者取得联系，邀请其抽空来一趟。次日中午，该患者如约而至。

会面过程中，X院长先取出患者的病历，花了很长时间，耐心地向对方解释自己为什么这样诊断？为什么开了这种药。接着又拿出药物说明书，反复说明这种药的副作用是什么……最后终于获得了患者的理解。

纠纷的教训　除了拿出自信说明之外别无他法

也许是社会上蔓延的对医疗行为的不信任在作祟，最近，上述这种因“事后医生”和“事前医生”的诊断出入引发的医患纠纷越来越多。如果某个医生不幸被卷入类似风波，除了拿出自信向患者说明，取得对方理解之外，实在没有更好的解决方法。

两名医生诊病时，见解稍有不同，就容易引发医患纠纷。上述案件虽然细节上有一点不同，但与二次诊断热潮的兴起不无瓜葛。二次诊断的原则是患者在原先就诊的医生推荐下前往另一家医院就诊。如果医生没有推荐，而患者主动前往其他医院就诊，就更容易发生本次纠纷案的情况。

归根结底，事情不是医患纠纷引起的。作为一名医生，向患者详细说明诊疗内容和治疗方针，建立医患间的信任关系也是预防对策之一。这里最重要的是，医方努力和患方沟通，为医患间构建一座双向交流的桥梁。

此时，除了在语言沟通上下工夫，还要注意加强非语言沟通。

医生的表情、坐姿、视线投向等细微的动作（这些细节的流露，可能起到意想不到的效果）都会传递给患者大量信息。建议从医者注意这一点。

为了给患方留下温和包容的好印象，首先医生自己必须保持冷静、镇定。医疗一线往往人多嘈杂，正因如此，医生才应该从平时起注意保持平和冷静的心态。开始诊疗工作前，可以闭上眼睛，深呼吸一两分钟，找到适合自己的平静身心的方法。

着眼点六　调查患方的人际关系

患者的家庭关系中往往潜伏着未知的火种。

随着老龄社会的到来，今后患者的老龄化倾向将越来越明显。老龄患者就诊时，经常有儿女陪同前往。这时，医方须注意患者的家庭关系，因为其中往往潜伏着不可预知的火种。

家庭发展的核心化趋势，对家庭构成、家庭人际关系等会产生巨大的影响。由于对日趋衰老的老人的健康状况和生活等问题的忧虑，尽管一家几代人生活在一起有好处，但是，同处一个屋檐下，兄弟妯娌间难免闹矛盾。举个例子，如果不住在一起，老人因突发情况向儿女求助时，做儿女的心里一定很难过，继而自责。这时，有的人就喜欢把过失归咎于其他家人身上，以此寻求心灵的平衡。

相反，一家几代人共同生活时，如果兄弟妯娌间闹矛盾。稍不注意，医方就会被卷入其中。俗话说："家家有本难念的经，清官难断家务事。"没有一条常识适用于形形色色的家庭矛盾。下面，就介绍一个类似案例。

医患纠纷事件薄 18 一句失言惹麻烦

"院长和事务长单方面对我提出警告，说以后如果再和患者发生纠纷，我就不用再来了。他们压根不听我解释、也不容辩解。我该怎么办？"

打来电话的是在 A 医院工作的 X 医生，今年 59 岁，还差一年就退休了。他原先在大阪府另一家医院工作，年轻时因工作过度劳累搞垮了身体，之后在一家地方诊所任所长，再后来就到了 A 医院。七年前因查出癌症接受了手术治疗，现在每周坐两次门诊。

事件的起因是一名 80 多岁的高龄女患者来院就诊时，

其50多岁的儿子夫妇间发生了矛盾。该女患者常年卧床，因便秘每周固定来院一次，使用药物帮助通导排便。以前没有来过A院。最近身体日渐衰弱，儿子夫妇出于担心，便带着老人来此就诊。

听完病情讲述，X医生开口问道：

“以前用过什么泻药？”

“现在用的是家附近一家诊所开的○○。”

“哦，那种药老年人用药性有点儿猛，换一种药性柔和的可能更好。不过，排便量会变少，排便次数可能增加，以后照顾起来比较麻烦。”

这句在医疗现场看似平常的话，谁知，当天傍晚，患者的儿媳却打电话到A院，指名道姓地找院长，接着就在电话中把X医生痛斥了一番。

“X医生当着我婆婆的面把我羞辱了一顿。说什么‘是不是因为嫌伺候老人排便麻烦，所以才选择药性猛的泻药，让老人一次排干净。’我压根没那么想过！”

接到患者家属的投诉后，次日，X医生被院长和事务长叫到办公室，然后被提出上述警告。

“您马上给患者家属赔礼道歉。征得对方谅解后，我们再听您解释，先这样。如果觉得为难，这个月月底您就不必来了。”

对于单方面的警告，X 医生一时无法接受。“为什么不听我说一句？我没有说过那种话，那纯属家属曲解。”X 医生委屈地替自己辩解，但事务长一副不容分说的态度：

“从您日常的言行来看，患者家属的意见不是捕风捉影。如果今后再发生类似事件，我们医院恐怕不便让您继续留下来工作。”

被逼入窘境的 X 医生无奈之下，想到曾经有过一面之交的我。于是，打来电话求助。

尾内解决术 就顾虑不周向患方道歉

根据此前的经验，我把能想到的做了一番梳理。首先，必须让 X 医生搞清楚，为什么这起事件中，患者的儿媳会发火。

作为儿媳，长期照顾一个卧床不起的婆婆。可想而知，两人之间的关系多么微妙。在这种情况下，做媳妇的很容易被周围人说三道四，指责“○○家的媳妇怎样怎样”“○○家的媳妇对婆婆怎样怎样”。这起案例也一样，媳妇担负着照顾婆婆的责任，尽全力做一切该做的事。从这个媳妇的角度来说，她最在意的也许正是婆婆怎么看她。

如果被婆婆怀疑“你是不是不愿意伺候我”怎么办？这是媳妇时常挂在心上、一想到就坐立不安的事。如此微妙的关系，却被 X 医生一句略显生硬的话刺中要害，这也许就是投诉的起因。虽然患者儿媳在电话中说“受到侮辱”，但这样说其实并不夸张。同样一件事，怎么说才能照顾到方方面面的情绪，显然需要慎重的思考。

X 医生说的话被人误解是事实，但现实往往是说者无意听者有心。因此，X 医生还是应该向患者的儿子夫妇道歉。从医学角度讲，即使 X 医生说的有道理，也有可能被患者家属曲解。这一点希望为医者谨记。

另一方面，对于整个事件中院长和事务长单方面的处理态度，我也怀有疑问。尽管不清楚他们之间过去是否发生过什么，但是，从这件事隐约透露出 A 院在人事行政方面“对于不顺从领导意愿的人，借此机会开除”的做法。

对于面临被院方开除的处理，X 医生可以向律师寻求帮助。但是，如果事态发展到双方对薄法院，X 医生的身心无疑会遭受更大的创伤。对原本就有健康问题、不久就退休的 X 医生来说，奋起反抗显然不是上策。

我把自己的想法一股脑告诉了 X 医生。结论如下：首先，向患者的家属，尤其是儿媳诚恳地表示道歉，说明自己没有侮辱对方的意思；其次，不要与院长等领导争论或辩解，忍一时之气，夹起尾巴做人，直到退休。

过了一段时间，X 医生打来电话。

“是我考虑不周，事后我登门向患者家属表示了道歉。另外，与医院之间存在隔阂，原因除了身体欠佳，还有年龄和体力的关系。我和妻子商量过了，觉得就按您说的意思办。”

纠纷的教训　照顾好“三方面的人际关系”

作为儿媳，身负照顾患老年痴呆症的婆婆的重任，这种人际关系最为微妙。一句无心之言，就容易让辛苦操劳的儿媳觉得自己受到指责。

而受人照顾的一方，由于长期忍受肉体和精神的双重痛苦。痛苦无处诉，心情焦虑不安，所以，对他人的话会变得非常敏感。

作为医生，尽管所说的话没有恶意，但是，明显忽视了这层微妙的人际关系。患者由家属陪同前往医院就诊时，此时的对象已经不再是医患间一对一的关系，而是“医生与患者”“医生与陪同就诊的患者家属”“患者与家属”三方的关系。此时，医生在给患者诊断时，一定要牢记这一点。

着眼点七　看清哪些是虚张声势

威胁和不当要求中往往掺杂“水分”。

与“患者大人”或医闹型患者交涉时，对方往往会一遍又一遍地爆出各种威胁性的语言。

“起诉你们”“让你们在媒体上曝光”“到卫生部门投诉你们”“在网上披露你们”……

这时，出面处理问题的当事人一定要沉着冷静。如果过失不在院方，可以果断地“请对方自便”。复杂的是从患者的立场出发，医疗机构的确存在过失时。

“从患者的立场出发”存在一些限制。例如：在不同患者看来，有的人认为候诊时间长、接诊态度不好是医方“过失”。而这些问题，比如“接诊态度不好”，在医方看来，不算“过失”。

当受到批评的医疗机构听到此类传言时，必须拿出改善的姿态或表态。但是，对于其中一些威胁性的语言或要求可以不予理睬，因为这些往往是虚张声势。此时，不但不能胆怯后退，还要采取坚决果断的态度应对。

有的患者会提出一些从表面上看，似乎合乎情理的索赔要求。这时，院方可另择时间地点，抽出时间专门沟通，沟通结束时，还可以补充一句“我们会考虑采纳您的建议”。但是，当对方暗示出钱解决时，应当面明确拒绝。

到此为止，本书列举了一些简单的医患纠纷解决法。但是，当纠纷案涉及诊疗行为，例如患者服药后发生不良反应或意想不到的症状时，医方应酌情负担部分诊疗费，这样患者采取威胁性语言或提出不当索赔的可能性也会大大降低。

接下来将围绕各种纠纷案例逐一展开分析。但是，只要医方没有过失，患方即使提起诉讼也很可能会败诉时，**处理的基本方针如下：采取行动努力征得患者的谅解和同意，对一切威胁性的言行和不当要求明确拒绝。**

下面介绍两个案例，其中一个与药店相关，可以作为纠纷解决时的参考。

医患纠纷事件薄19　两年半前就诊态度突变

“我们院有一名自尊心很强的患者，很难应对。他在院长面前客客气气，对医护人员却蛮横无理，真没办法。该怎么办呢？”

这次向我咨询的是邻县S诊所的工作人员。发生在诊所的医患纠纷案，一般由院方负责人，如院长或事务长打来电话，这次却不同。我略感诧异，听对方说下去。

“问题患者”X，男性，现年59岁，因糖尿病和肾病常年接受透析治疗。X从十年前开始在S诊所治疗，现在每周两次定期治疗。X不是那种一开始就采取扰医行为的“问题患者”，但两年半前，该患者的态度突然发生了变化。

起因是一件不起眼的小事。一次来院时，X忘了带透析治疗本。当时，一名20多岁的年轻护士小A告诉他：“下次来的时候，请一定带上治疗本。”话音刚落，X勃然大怒：“你这话是什么意思？”自那以后，即使小A主动向X打招呼，X也佯作不见，并且拒绝小A给他做治疗。于是，负责给X做治疗的护士换成了小B。

护士小B轮休时，会临时由其他护士小C或小D负责。后来，X问清了小B出勤的日子，再也不让其他护士给他治疗了。

因为自己的失责给同事的工作带来影响的小A感到深深自责，于是主动向X赔礼道歉。但X对小A的人身攻击并未停止，甚至告到事务长面前，要求“辞退小 A”。再后来，X 的扰医行为越发过火。几个月后，小 A 无奈地辞职了。

这件事发生后，护士小 B 对 X 的态度有了变化，有意无意地疏远与 X 的距离。此后，每次来院治疗时，几乎所有当值的医护人员都会受到 X 的斥责。不但如此，X 还频繁地向 S 诊所的上级主管部门提起投诉。

那么，在此期间，S 诊所的院长和事务长在干什么？

“院长和事务长知道这个情况，但院长说这个患者已经在我们诊所看了十几年病，万一处理失当，除了让事态变得更僵以外根本没好处。另外，事务长还兼任另一家独立法人医院的工作，腾不出空处理我们诊所面临的问题。”

工作人员叹息着说。

两年多来，该诊所的医务人员长期处于紧张压抑的工作环境下。但无论院长还是事务长都对问题不管不问，可叹，这只能说该诊所高层管理失职。

尾内解决术 构建制止扰医行为的客观环境

上述纠纷案的特征是医方无过失。那么，患者 X 投诉的理由是什么？既然其态度发生变化是从两年半前开始的，当时诊所的客观环境怎样？是否有过改变？

我的这个猜测似乎得到了证实。据工作人员讲：大约两年半前，X的父母去世后，X兄弟之间围绕遗产归属闹起了矛盾。结果，X采取强硬手段争得更多遗产。关于这件事，不但X本人亲口说过，在邻里间也闹得人尽皆知。据邻居反映：X是一个自尊心很强的人，平时不善与人相处。自从争到遗产后，更摆出一副自以为了不起的样子，把谁都不放在眼里。

现在整个事件的轮廓似乎清楚了，于是我提出以下三点建议。

第一，让院长了解事态的严重性。如果对“问题患者”继续不管不问，可能造成其他患者不再来院就诊，继而对诊所的正常运营造成重创。关于这一点，必须让院长清醒地认识到。因为院长采取行动，是解决整件事的关键。

第二，由院方出面商议对策。对于X这类“问题患者”，必须坚决果断地采取措施予以制止。不但本诊所，连法人集团下的全体医务人员必须统一言行，把措施落实到位。

第三，采取具体措施如下。比如：当X提出“难道不能○○吗”之类的无理要求时，医务人员应当面拒绝：“对不起，本诊所无法做到。”如果X当场发飙，指责工作人员态度不好，可冷静予以回应：“这是本诊所的原则。”这种自尊心强的人所说的威胁话语通常只是虚张声势，所以，只要现场的医务人员不为所动，冷静面对，对方一般会知趣地找台阶下。

以上纠纷处理方法在实践中不一定会立刻奏效。因此，建议S诊所在院内召开会议，让员工进行模拟角色扮演。

几个月后，这名工作人员再次打来电话，说按照我的建议，首先让院长改变了之前对事态不管不问的态度。接下来，在院长的亲自指挥下，以这名工作人员为中心，由院方出面彻底解决问题。起初，X表现出一些抵触情绪。渐渐地，可能是感受到院内氛围的微妙变化，其问题行为开始有所收敛。

对X来说，S诊所是其十多年来一直就诊的地方，对这里的一草一木都有感情。当院方的态度开始强硬后，他似乎也开始认识到自己之前的行为有不妥的地方。在现实生活中，这种一条道走到黑、直到最后碰壁的人比比皆是。

接下来要讲的是一起因担心患者反而招致厄运的让人

叹息的纠纷案。这场风波的舞台不是医院，而是一家药店。其中涉及的一些内容可能对医疗机构有一定帮助。

医患纠纷事件薄 20 突然爆发的患者公公

“请您一定帮帮忙！”

电话另一端的声音来自近县一家药店的经营人、女药剂师 M。她从最初求助的 T 诊所院长那里听说我的情况，于是立刻打来电话咨询。

事情发生在两天前。当天中午刚过，一个经常去 T 诊所就医的女患者、20 多岁的 A 女士从 T 诊所看病回家途中，带着诊所开的一张写着类固醇吸入剂的处方走进了 M 药店。

当时，A 似乎有急事要办。刚走进药房，她就迫不及待地催促道：“买一盒××药。”M 接过处方，一边简短地向 A 说明服药指导，一边取出一张印有药物使用说明的药品信息宣传单递给 A。但当时 A 只忙着看时间，一脸焦急的神色。

至于 A 有没有听自己的说明，M 并不确定。

“当时 A 一个劲地催促，我来不及仔细说明。特别是这种药吸入后需要漱口，不知道她听到没有。”

M 越想越不安，于是第二天早晨给 A 的家里打去电话。当时接电话的是 A 的公公，A 不在家。

于是，M 对 A 的公公说：“昨天 A 女士来买药时，我的说明可能不够仔细。请您务必转告她，这种药吸入后一定要记着漱口。”最后，还特意补充了一句“如果不漱口，嗓子可能疼痛。”当时，对方的回答是：“知道了，我会转告她。”

谁知一小时后，这个人打来电话。在电话那边语调大变，听起来火药味十足。

“我想起来了，昨晚我家儿媳哭了一夜，是因为嗓子疼喽？这责任在你们。现在我儿媳要去医院看嗓子，诊疗费 5000 日元，这钱得你们出，否则……”

M 被这突如其来的变化搞懵了，一时没反应过来，惊愕之余随口答了一句“知道了”。挂上电话后，M 开始发愁接下来怎么办？于是急匆匆打电话给开处方的 T 诊所征求意见，紧接着就拨通了我的电话。

尾内解决术 与警方和写字楼物业管理建立协作机制

对于患者公公发出的威胁性话语，M 一开始的答复是“知道了”。对此，我的判断是现在一切还来得及。于是，我迅速提出以下建议。

首先，马上给对方打电话，重点强调“关于治疗费的问题，需要患者本人先去医院看病，之后带相关收据和诊断证明过来，我们会按单照付”。

我之所以这样建议，是根据经验判断：对方发出的威胁性话语只是虚张声势，不会真的去医院。据我推测，下一步事态发展可能如下。

对于药店的要求，对方一定会表现得怒不可遏；然后进一步夸大受害程度；接着以“如果患者病情恶化，你们必须负责”等借口要求索赔。这时，药店方怎样处理，需要根据对方的态度决定。我告诉 M：“给对方打电话时，记着让对方稍后再联系。”

十分钟不到，M 再次打来电话。说是给对方打了电话，其态度果然不出所料，一味夸大事实，指责“因为你们的过失，治疗费可能得花 100 万甚至 200 万日元，你等着，晚上我就去你们药店”。听 M 对情况的描述后，我进一步给出建议。

尽管不知道对方是否真的会来，但是，为了做好准备，药店可先派人前往警方和写字楼物业管理公司报备，说明此次事件的经过，另邀请负责治安的片警和物业公司的保安在对方可能来的傍晚来一趟，装作偶然在药店附近巡逻的样子。

几天后，M 又打来电话。说按我的建议实施后立刻收到了效果。当天下午黄昏时分，对方如期而至，手里果然没拿医院收据。起初絮絮叨叨、纠缠不休，反复指责药店的过错。说着说着声音越来越大，而且开始恐吓。

正在这时，前后相差三分钟左右，警察和保安先后赶到。发现情况不妙，对方立刻慌了神，小声嘟囔了一句“拿到诊断证明我再来，你们必须赔钱”，说完就借故开溜了。此后，这个人再也没有出现过。

纠纷的教训　患方努力让自己显得强势

从上述纠纷案中患方的态度突然变化和借故说辞等表现分析，这个人可以被归入“患者大人”。药剂师一番好意地打电话叮嘱，结果却受到如此苛责。可是，这种人在现实生活中比比皆是，而且越来越多。

医务工作者大多个性随和，而医院也是身心遭受双重折磨的病患集中的场所，从职业性质来讲二者是相容的。但是，医院等公共场所却成了一些人牟利的“交涉场所”。患方往往通过行为举止等表演让自己显得更强势、更强硬。所以，在医院这个狭小的世界里呆得久了，人往往容易被上述的表象所蒙蔽。

再次强调一遍，应对“患者大人”的对策之一是与警方等机构建立良好的合作机制。不要等到医患纠纷发生，而是从平时就致力于建立顺畅的管控和沟通渠道，以防不测事态发生。

着眼点八　同样的纠纷是否在他院发生

“一旦尝到了甜头，就会一而再、再而三地尝试”，这是一些人惯用的伎俩。

提出不合理要求的医患纠纷索赔者可能在其他地方也采取过同样的扰医行为。如果这种人提出的一点小要求在一家医院得到满足，尝到甜头的他们就会一而再、再而三地在其他医院“故技重施”。最麻烦的是，这种人会不断尝试，从中摸索和学习怎样让医院难以招架的“招数”，所以，这种人很难应付。

在我看来，这种人除了在医疗机构实施扰医行为外，在日常生活中同样会给周围人带来困扰。在我此前接触的索赔者中，不少人无论是在外用餐，还是去超市购物，其所到之处，总有让他们不称心的地方。这种牢骚满腹、招人反感的人很常见。

对于打电话向我咨询的医疗机构负责人，我一直是这样建议的：“您现在面对的问题的确很棘手。但是，不要逃避，一定要迎难而上，最终在您的手上彻底解决。”因为如果不这样，这种人很有可能在其他地方引发同样的纠纷。

尤其在面对年轻患者时，无论从教育还是为今后考虑，决不能让他们尝到甜头（纠缠歪理得便宜）后，屈从并满足其不合理要求，这对患者来说也不是好事。归根结底，院方必须挺起胸膛面对问题。

接下来，是我遇到的一个由“医闹”引发的医患纠纷案。

医患纠纷事件薄 21　暗中向卫生部门检举揭发的患者

“一名在我们这儿看病的患者暗中向卫生部门检举揭发，说‘在我们医院看病时，被强行要求做鼻纤维镜检查，导致本来不严重的颈椎病症状恶化，而且院长一句道歉的话也没有。患者指责我们院的诊疗内容有问题，希望上级部门予以处罚。’昨天接到卫生部门负责人打来的电话，说今天下午要过来。现在该怎么办？请告诉我们。”

这个电话是大阪府东部一家耳鼻喉科 C 医院的院长夫人打来的。由于此前没有被上级部门突击检查的经验，C 院长夫妇都很担心，急忙打电话向我求助。

患者为男性，现年 50 多岁，大约三个月前第一次来 C 院看病。根据患者填写的病历可知该患者以前有颈椎病病史，在征得其本人同意的基础上，诊疗时医生让患者采取坐姿。诊疗结束后，患者什么也没说就回家了。

时隔一个月，该患者突然来院，怒气冲冲地声称自己“颈椎病的症状恶化了。明明有交通事故后遗症，为什么 C 院要强行要求其做鼻纤维镜检查？什么治疗水平？”面对这起突发事件，院长也很困惑，于是回复其：“在鼻纤维镜检查之前已征得您本人同意，而且就诊卡上也写得很清楚。现在过了一个月，您突然这么说，我们也不好办……”话音刚落，对方低声反驳：“我活到这把岁数，见过的医疗事故多了。事情都到这份上了，如果医生你不担责，咱们走着瞧……”

面对对方的威胁，院长也十分不安，但此后一段时间这名患者没有出现，这件事渐渐被淡忘了。“直到昨天，我们突然接到卫生部门打来的电话，真让人措手不及！”

尾内解决术　揪出“确信犯”的尾巴

在了解事件的大致经过后，首先，关于怎样应对当天下午来院突击检查的卫生部门调查人员？我提出以下建议。

第一，从卫生部门调查人员口中试探性地了解该患者是怎样向卫生部门检举揭发的。同时以病历为依据，礼貌地回答对方提出的每一个问题，这样做一般没有问题。一般来说，接到检举揭发时，卫生部门会首先听取患者对事件过程的陈述；其次前往问题医院调查。经过一系列调查取证，才能彻底查清事件的真相。比如患者的陈述是否属实？检举揭发方有无恶意？恶意程度评估……

该患者在C院接受治疗后的一个月期间，因为某种不确定的因素导致颈椎疼痛加剧。但是，引起疼痛的真正原因是什么？该患者认为最大怀疑对象是鼻纤维镜检查。于是跑到C院大发牢骚。首先，我把自己的推测告诉院长夫人。

第二，该患者在之前就诊的两家医院可能也发生过类似行为，所以，建议现在最好调查一下对方的背景。在理清该事件的经过后，我推测“这个人可能有过类似行为”。说不定是一个检举揭发的“惯犯”。因此，现阶段最好调查对方的背景，然后再考虑怎样应对卫生部门。我之所以得出上述判断，是因为这名患者才第二次来C院，就突然对C院长进行威胁，而且表现得十分从容、老练，让人难以置信。

接受我的建议后，C院长夫妇立即采取行动，首先着手调查这名患者的“前科”。

幸好上述两家医院C院长都比较熟，很轻松就摸清了这个人的情况。同一事件在第一家医院出现过，当时，院方的态度是不予理会。第二家医院的情况是医生开具的处方被该患者拿到某药店取药，后以“药物副作用说明不充分”为由打电话大闹一场。

通过对该患者在前两家医院就诊时的摸底调查，证实其是这方面的“惯犯”。这样，在卫生部门调查人员到来之前，C 院长就已经做好了充足的准备。

卫生部门调查人员到达后，按我事先的建议，C 院长从容应对，在参照该患者病历的基础上对整个事件经过进行了详细说明，最终取得了卫生部门的理解。

接下来，调查人员也将该患者向卫生部门检举揭发的内容坦诚相告。由于 C 院长诚恳的态度获得了对方的信任，所以，该“问题患者”检举揭发的大致情况很快水落石出。

“开始就诊时，我对医生说了以前因交通事故颈椎后遗症的问题。谁知还是被这家医院强行要求做鼻纤维镜检查，因此导致颈椎症状恶化。我要求 C 院长赔礼道歉，却遭到对方拒绝。”“这家医院对患者采取的治疗太差劲了，希望你们进行彻底调查”……面对卫生部门，该患者对自己的无礼威胁言行只字不提，而一味地将 C 院长妖魔化。

经过这次的纠纷事件，C 院长夫妇第一次发现世上居然有这种心怀叵测的患者。因为之前从未遇到此类被人恶意中伤的情况，所以，尽管在某种程度上受到一定打击，但他们还是做了充足的准备。这场风波平息后，C 院长一直在等这个患者来院，但对方再也没有出现。

纠纷的教训　列出地区“惯犯”的黑名单

患方威胁的王牌招数是“向卫生部门检举揭发”，但是，因为C院已掌握该患者在其他医院的“前科”，所以能够从容镇定地应对并最终胜出。也就是说，只有通过反复实践、积累经验，在问题发生的早期阶段，从“问题患者”的线索、行为模式等入手，才能摸清真相。

在上述案件中，患者气势汹汹地跑到医院找茬儿，不等院方答复，就暗中向卫生部门检举揭发。从这一点就能看出其中非同寻常的迹象。也就是说，卫生部门负有监管各大医疗机构的责任，对此患者是知道的。在此基础上，当相关方面对整个事件进一步调查后就会发现：接受鼻纤维镜检查和颈椎症状恶化之间其实并不存在因果关系。而且，从患者看似委婉巧妙、不至于让人误解为威胁性话语的措词方式判断：这名患者以前采取过类似手段，可说是一名有前科的“惯犯”。

大多数医疗机构之间并未共享这类前科患者的惯用伎俩和行为模式等相关信息。由于“平息医患纠纷= 医院信誉度”的认识根深蒂固，所以，避免医患纠纷发生的倾向仍很普遍，而纠纷制造者恰恰利用了这一点。因此，建议广大医疗机构改变固有思维模式，围绕“区域整体=单点应对”展开深入探讨。

另外，相邻医疗机构的高层管理（如院长及事务长等）如果能合作建立一个相互交流、围绕医患纠纷等问题进行信息互换和共享的平台，也是一个不错的办法。院方还可以通过在院内设置“安全保障委员会”“医疗安全管理研修会”等组织机构，针对发生在本院的医患纠纷的解决方案展开探讨，作用等同于缩小版的区域机构。

着眼点九　引发医患纠纷的最大原因是“医生说明不足”

说明的目的是为了对方，同时也是为自己。

通过调查引发医患纠纷的原因就会发现，尽管不能说百分之百，但根源往往出在医生说明不足上。

如果患者顺利康复，这个问题基本不会表面化。所以，相当一部分医生从未意识到自己存在说明不足的问题。

医生的说明是否充分，给出判断的是患者，而不是医生。特别是患者的恢复状况不理想时，做医生的一定要耐心地进行说明。

此时，患者的身心都处于不稳定的状态，很多时候即使医生进行说明，他们也不见得听见或记住。另外，即使医生一再强调诊疗过程可能存在风险，但患者往往抱有这种风险不会降临到自己身上的侥幸心理，所以，大多数患者其实并不真正理解医生说过什么、说的是什么意思。但是，当病情从“可能”转为“现实”时，无论医生是否做过说明，当事人往往提出抗议：“你什么时候说过我的病情会变成这样？”

总之，作为医生，最好清醒地做好“让患者理解医疗的不确定性非常困难”的思想准备。也正因如此，医生要多留一些时间，对患者进行耐心细致的说明。

只要患者开始对医生的治疗存疑，那么发生医患纠纷的危险度就会大幅度升高。下面就介绍一个实际案例。

医患纠纷事件薄22　一张写着“最差劲医生”的大字报

“这几天，不知道什么人贴了一堆诋毁我的大字报。

请问怎么办？”

上午九点刚过，X 市 A 医院的 A 院长突然打来电话。什么？有人张贴大字报诋毁医生的名誉，这件事非同寻常。电话里 A 院长的声音显得异常激动，直到一口气说完全部情况。事件的经过原来是这样的。

前一天早晨，像平时一样来上班的一名工作人员突然发现医院入口的防盗卷帘门上有“异常情况”。

“××是庸医！”

“找××医生看病必死无疑！”

“××是最差劲医生！”

这些大字报尺寸为 A3 大小，上面用中性笔写着巨大的语句，被发现时就贴在医院入口防盗门的醒目位置。工作人员急忙撕下这些大字报，然后交给来上班的 A 院长。

起初 A 院长没在意，以为只是某人的恶作剧，当天就这样过去了。谁知第二天，医院周围的电线杆上又出现了同样内容的大字报。这下 A 院长坐不住了：“这不像恶作剧”，想到这儿，连忙打电话找我。

这时，我恰好有事忙不开，于是告诉院长当天傍晚，在该院“夜间门诊”开始前，我会亲自赶到 A 院一趟。说完暂时挂了电话。

傍晚，我如约赶到 A 院，一小时后就是该院“夜间门诊”时间，所以，匆匆寒暄过后，我便直奔主题。

“上午您在电话里说这件事没有线索，您仔细想想，最近是不是和哪个患者发生过不愉快?”

A 院长低头思索了一会儿，开口说到：“这件事说起来也不算纠纷。一个月前，的确有一个患者因为药物副作用闹过矛盾。”听到这里，我进一步详细追问。

这名患者是男性，现年 60 多岁。以前在其他医院做过手术，出院后考虑到 A 院离家较近，于是来该院就诊。初诊时，患者有轻度水肿，血压偏高，于是 A 院长开了利尿剂。

两周后，来院复诊时，该患者怒气冲冲地声称“服用该药后，出现体位性低血压、眩晕、麻木等症。做完手术后，病情好不容易有了起色，现在是怎么回事?”

向我讲述这件事的经过时，A 院长反复强调：“诊疗过程中，我已经对该药可能发生的副作用等向病人进行了充分说明，而且告诉他一旦发生副作用立刻停药。”可是，当我进一步了解情况时，却得知那天来 A 院就诊的患者人很多，环境比较嘈杂。据此推测，当时 A 院长对该患者所做的关于药物副作用的说明可能不够充分。诊疗结束后，患者的脸上隐约露出一丝不满，嘟囔了几句后转身离开，此后再也没来。

尾内解决术 采用另类方式平息纠纷

听完整个事件的叙述后，我忍不住想规劝 A 院长几句。

“患者没有听清您的说明，这个情况属实，对不对？您说过话一定得让患者明白，而且从接诊开始就要‘说清楚’。从这个患者的角度考虑，他一定希望您多花一点时间，把话讲清才对。”

“这样的话，患者不发火才怪。”我一面暗自嘀咕，一面反复揣摩院长的话，越想越觉得贴大字报的可能就是这名患者。

想到这里，我和院长一边拿着这名患者的病历翻看，一边紧张地思考解决办法。正在这时，我的视线突然被病历页上贴的一张患者本人的保险证复印件所吸引。这张保险证是由患者儿子所在公司的健康保险工会印发的。仔细一看，上面赫然印着某医药批发公司的社名——B 社。

直觉告诉我，“这条线索也许有用”。想到这儿，我立刻问院长。

“您和 B 社打过交道吗？”

“打过。不过问这个干嘛？”

“您现在试着打电话给 B 社销售部的负责人，看能不能通过他和患者的儿子联系上。”

现在只能考虑采取非常规方式，除此之外，我一时半会还想不出更好的办法，只好先试试再说。

稍后，A 社长拨通了 B 社负责人的电话，并提到患者儿子的姓名，说“有事找这个人，希望帮忙取得联系”。事情发展出乎意料地顺利，十分钟不到，对方就打来电话。双方约定今晚八点钟左右，在 A 院“夜间门诊”结束时进行面谈。届时 A 院长准备当面向 B 社的负责人和患者的儿子说明情况。

事情发展到这一步，眼看 A 院“夜间门诊”时间即将开始，我再次叮嘱院长：“毕竟现在只是怀疑，还没有确凿的根据。所以，和对方面谈时，注意慎重措辞！”说完便离开。

次日傍晚，A 院长打来电话向我报告事件的进展。

原来，A 院“夜间门诊”结束后不久，B 社的负责人和患者的儿子就赶到了。A 院长把无名大字报和关于药物副作用引发矛盾的事情原原本本地讲了一遍，接着试探地补充道：“怀疑这件事是您父亲所为很抱歉，但还是拜托您委婉地和您父亲沟通一下，确认有没有这回事？”

当天晚上，患者的儿子对父亲提了去 A 院的事。当提到无名大字报时，其父毫不隐瞒，表明正是他干的。第二天，该患者在其子的陪同下前往A院，低着头向A院长表达了歉意。院长也就之前诊疗时，自己没有充分考虑患者术后身体较弱，没能多花一点时间详细解释药物副作用的过失向对方坦诚地道歉，这场风波就这样平息了。

纠纷的教训　拿出坦诚的姿态可有效防止医患纠纷发生

在上述案件中，我丝毫没有偏袒诋毁他人名誉、暗中张贴无名帖的患方的想法。但是，就这起案件来讲，我认为院长有必要对自身进行深刻反省。对一个普通患者来说，因服用某种药物发生不良反应，肯定会感到不安和恐惧。

然后，当患者慌里慌张地赶到医院，向医生紧张地述说发生的“异常”时，却被医生一句冷冰冰的“就是药物副作用”顶回来。面对这种情况，放在谁身上都会不痛快的。

作为一名医生，事先向患者充分说明药物副作用是职责所在。一旦发生药物副作用，在耐心说明为什么会发生副作用的同时，可以补充一两句让患者消除焦虑的话，做出关爱体贴患者的姿态必不可少。比如“感觉不舒服是吗？一定很害怕吧？别担心，停药后身体很快就能恢复正常。以后觉得哪里不舒服，随时来找我”，用体贴关爱的话打消患者的焦虑不安才是关键。

但是，随着计算机网络的发展和普及，今天已经步入普通人轻松点击一下鼠标，就能获取大量专业知识的时代。只要有心，普通人也能通过网络搜索查询和下载前沿医学科普论文，医疗消费者趋于高端化、专业化，这种现象在医疗领域越来越多见。

医患关系中，“信息的不对称性”经常引发矛盾。总之，与医生掌握的占绝对压倒性优势的医学信息相比，在专业性这扇大门面前，患者是门外汉，很难真正了解与自己相关的诊疗信息。这种状况随着计算机网络的发展和普及正在慢慢消除，尽管消费者趋于专业化有一定好处，但从另一方面来看，披着一知半解外衣的“伪专业”患者普遍存在也是不争的事实。

由这种人引发的医患矛盾，其性质更加恶劣。在我受理的纠纷案分类中被归入“医闹型患者”。

对医学一知半解，因此对医生的见解持怀疑态度，或者自以为是地认定“我得的是○○病”。对这类患者说明时，医生往往需要花费更多的时间和精力。如果当时没说清楚，没有征得病人的充分理解，事后可能会引发没完没了的医患纠纷。

关于医生说明不足的问题，前文已经反复多次强调过。换言之，医生除了竭尽全力“尽说明义务”之外别无他法。应当说，“竭尽全力做好沟通”“摆出竭尽全力说明的姿态”是防止医患纠纷发生的上策，希望从医者牢记这一点。

04 解决医患纠纷的“技术”

本章将围绕解决医患纠纷的必备“技术”，从制订对策到付诸行动的一系列过程展开具体阐述。怎样让“技术”发挥有效的作用？前提是医疗机构负责人行使高层管理的执行力，在全院上下统一认识，把“解决问题”的坚定姿态落实到位。付诸行动时，应做到诚实勇敢、坚定、冷静。

技术一　保证书上一个字也不能写

被迫写保证书后，解决难度将陡然增加。

双方交涉过程中，为了让事态朝着对自己最有利的方向发展，索赔方有时会要求责任方写下保证书。严格地讲，保证书可以被视为合同的一部分（附加条款）。保证书的内容是经双方同意后拟定的条款，具有法律效力，所以，保证书不能随意拟订。另外，作为证明责任方有过失的证据，索赔方可能利用保证书实施新的威胁。

如果让对方感到不快，口头上表达一下歉意就够了，没有必要写保证书。迫不得已在对方的胁迫下写保证书时，也不能事事按对方的意思办。如果对方采取暴力胁迫手段，不要犹豫，可以立即通报警方，说明情况后先征求警方的意见，与警方经过商议后再采取措施。接下来，只需告诉索赔方“我们刚刚联系过警方”。一般来说，对方都会知难而退，原则是绝对不能突破写保证书的界限。

下面要介绍的这个案例让人十分遗憾，因为这正是一个因写下保证书引发纠纷的案件。

医患纠纷事件薄23 写下保证书的院长（一）

“我们公司的一个客户，某牙科医生受人威胁，现在一筹莫展，不知道该怎么办。您能帮帮他吗？”

打电话的是我认识的一家医疗设备生产厂的销售人员。他给我打电话前刚去了一个客户——A牙科医院走访。准备离开时，该院的院长直言相告：“不瞒你说，我现在被卷入一桩麻烦，正愁不知道怎么办……”

大概和患者间发生了一点不愉快吧，起初我并没在意。可是听着听着，就觉得这件事有点“不同寻常”。

A院长被卷入纠纷的大致情况如下。

前天早晨，X牙科医院的经营者X氏打来电话，投诉一名在A院工作的女医生“挖X院的患者”。这名女医生不久前曾经在X院做过兼职。

不仅如此，当晚，X氏还带着另外两个人一起闯入A院，一个自称是X院的事务长，另一个相貌凶恶。

接着，X氏提出一系列无理要求。

“自从查明这个女医生暗中挖我们医院的患者情况属实后，我们院已经把她开除了。这种人你们也不能留，这是其一。其二，你准备一份相关患者名单，连病历一起交给我们。”

另外，作为满足上述条件的担保，对方还强迫 A 院长写一份保证书。

面对对方突如其来的“登门造访”和强势恐吓，A 院长不知所措，乖乖地按照对方的意思写了一张“本人承诺……”的保证书。

X 氏来 A 院索取患者名单和病历的日期定于明天下午，A 院长焦虑万分，于是对经常来院谈业务的销售员谈起了这件事。

尾内解决术　采取绝不屈服的姿态

事情发展到这一地步，那么，明天 A 院长打算怎么办？想到这里，我让销售员先征询院长本人的想法。结果不问不知道，一问之后让人大失所望。原来，A 院长打算在 X 明天来之前，自己开溜，去找牙科医生协会的顾问律师商量，避开 X 不见。

对于 A 院长这么不负责任的态度，连我也无语了。把和 X 氏一伙人见面的难题扔给区区一名医院接待处的工作人员。如果发生什么问题，谁来负责？

虽然我很想规劝这位院长几句，但是，面对这次找我的销售员，我只能让他转告院长本人应负起责任。另外，我重新对这件纠纷案进行了一番整理。

首先，引发纠纷的导火索是在 A 院工作的女医生。这名女医生是该院的外聘人员，不久前曾经在 X 院兼职，当时没有告诉 A 院长实情。

接到 X 氏的投诉后，A 院长曾经就挖其他医院患者的事问了女医生本人，对方答复如下：

在 X 院上班期间，这名女医生曾前后两次将 X 院的患者“推荐”到 A 院，但两次的起因是 X 院不能满足患者提出的种牙要求。另外，该女医生还曾经把另一名患者“推荐”到其他医院。

如果上述情况属实，那么，所谓“挖患者墙角”的投诉仅仅是单方寻衅滋事。不仅如此，X 氏还带着一个面相凶恶的人物“登门造访”，以胁迫手段让 A 院长写了一张保证书，这种行为是不允许的。

想到这里，我迅速向销售员提出以下几点建议。

首先，让 A 院长马上和 X 氏本人取得联系，在电话中明确告知：在受胁迫的情况下所写的保证书不具备法律效力，并严辞拒绝对方提出的一切无理要求，最后补充一句：拒绝在对方带走的保证书上盖章。

对于采取胁迫手段强迫被害人按己方意愿行事者，必须采取不屈服的姿态，严辞拒绝其要求，这样做一般能解决问题。但是，这起案例解决起来估计没那么容易。

按照我的建议，A院长向X氏明确表示不接受其无理要求的态度。结果，虽然X氏本人的态度立刻收敛。但另一方面，也许是觉得没面子，之前与X一起来A院寻衅滋事的面相凶恶的同伙儿还是几次三番打电话找茬儿："这事不能这么算了！我是中间人，你让我的面子往哪儿摆……"

隔了一天，销售员再次打来电话，说那家伙不依不饶，还是不肯善罢甘休。得知情况后，我认为不能再沿用常规方法，必须使出"杀手锏"。于是拨通X氏辖区一家由某警官和会计师联合创办的咨询事务所，委托该事务所联系警方出面处理此事。结果，警方通知X氏来警局接受询问。此后就没了动静。

至此，这场纠纷终于平息。但是，在今天这个时代，难道医疗同行之间因为区区一件"挖患者墙角"的小事就要拳脚相向吗？现状让人叹息。

医患纠纷事件薄 24 写下保证书的院长（二）

“前天，一名女患者在一名男子的陪同下来院。一进医院，该男子就开始发飙，说‘疤痕是在你们医院做手术留下的，你们看着办’。起因是女患者在我们医院做完手术后，相识的男子找了一个认识的外科医生帮着查看术后疤痕的恢复情况。对方声称‘一般手术不可能留下这么大的疤痕，是手术做得不好的结果’。该男子要求我们把病历复印一份，还用胁迫方式逼我写了一张‘保证尽力去除术后疤痕’的保证书。今后，对方可能进一步提出其他要求，请问现在该怎么办？”

这次打电话的是在大阪府南部开办了一家皮肤专科门诊的 A 院长。A 院长是一位女医生，以前向我咨询过另一件纠纷案，所以，我很快就记起她的面孔。在他人胁迫下写了保证书，看来这件事非同小可，于是我耐心地听下去。

患者 X 小姐，现年 28 岁，在某夜总会做女招待。陪同她前往 A 院的男子是该夜总会的老板。从双方亲密的情形推测：两人可能是同居关系。

X 小姐到 A 院就诊大约是十天前，因外阴部长了一个囊肿来院。经检查被确诊为“阴唇皮脂腺囊肿”。患者一直犹豫是否去医院，最后终于下定决心前往 A 院就诊。

皮脂腺囊肿是良性，是否手术切除主要取决于患者本人的意愿。诊疗过程中，据 X 小姐称“这处囊肿经常肿胀流脓，还是切除算了”。于是，一周后做了手术。

手术方式如下：术者首先在囊肿部位切开一个 3 毫米大小的洞，然后使用一种特殊的手术器械探入，将囊肿内容物及囊袋一并清除干净。但是，在做手术的过程中，术者发现创面没有清理干净，于是临时决定连同周围组织一并切除。结果，手术部位的伤口扩大到 3 厘米。

整个手术持续了 30 分钟左右。术后，X 小姐对手术结果没有表达不满，之后自行离院。

但是，到了第二天，上面的一幕发生了。从整个事件的情况来看：当时 X 小姐对治疗结果并无异议，只是对伤口比预想的大不太满意。于是向同居的男友说起这件事。该男子一听，先拍着胸脯说这件事包在他身上，然后马上找来一个认识的外科医生。后来听对方说“手术做得不好”，当晚就拉着 X 小姐一起闯入 A 院大闹。

在该男子的胁迫下，女院长不但老老实实地交出了病历复印页，还无奈地写了一张“保证尽力去除术后疤痕”的保证书交给对方。

尾内解决术 只和当事人交涉

听完整个事件的经过后，我心里大致有底了。尽管有意责备女院长不该贸然写下保证书，但转念一想，当时情况紧迫，对方又咄咄逼人，女院长也是迫不得已，才做了不情愿的事。

本案的重点是切除术的结果。果真如“问题男子”认识的外科医生的评价“手术做得不好”吗？当对方一再声称“我认识的医生说……”，这种情况一般有夸大事实之嫌。

据 A 院长讲：手术本身没有问题。但是，囊肿比预想的大，所以才临时决定扩大手术切口。另外，院方术前也对 X 小姐尽了告知义务，说术后只需恢复一段时间，伤口就会恢复正常。但是，为什么“问题男子”不知道这些呢？

基于以上事实分析，我提出以下几点建议。

第一，X 小姐对 A 院长的说明在某种程度上是理解的，对术后伤口恢复的不安和忧虑也会随着时间慢慢减轻。但一般来说，问题一旦和自称家人或朋友的人扯上关系，情况就变得复杂了。所以，今后即使该男子打电话来，也应明确告知其“关于这件事，很抱歉我们只和患者本人交涉”，避免与此人会晤。

第二，对于X小姐应再次耐心说明：关于您的伤口问题，虽然不可能恢复如初，但基本没有大碍，只需稍微休养一段时间。为了让对方理解，最好主动邀请其来院一趟，专门抽出时间进行说明。

第三，只要征得X小姐的理解，那么，可以不必理会其同居男友提出的赔偿要求。总之，遇事不慌，冷静面对，不要为该男子的暴力言行所胁迫。

我提出的建议实施起来并不困难，因此女院长爽快地答应我，说马上就办。

转眼一个月过去，女院长打来电话。说后来约X小姐来院，双方坐在一起充分交谈了一次。期间X小姐终于被院长的诚意打动，之后继续来院复查术后伤口的恢复情况。此外，院方再没有和那名男子打过交道，一场风波平息了。

纠纷的教训　不要被对方牵着鼻子走

在解决医患纠纷的过程中，经常有一些不可预知的事态发生。像上面这个例子中，女院长遭到一名自称患者亲友的男子胁迫的现象其实很普遍。在对方的暴力胁迫下，医护人员因缺乏处理经验慌了神，只能按对方的要求行事。即使想冷静地应对突发变故，面对当时的状况也没有时间冷静思考。结果，像上述案件中的情形一样，不得已按对方的要求写下保证书。

为了防止这种情况发生，请参照下表《医患纠纷基础对策》，在此基础上制定索赔流程核实步骤，在院内落实相关原则和措施。

◎《医患纠纷基础对策》

- 具体记录对方的言行举止
- 谨言慎行，不随便根据推测发表意见
- 不要打断对方的话（仔细倾听）
- 不要与对方争论
- 院长等有决定权的医院最高责任人不参与交涉
- 不随意将签有己方姓名的便笺交给对方，以防恶意他用
- 不写保证书、道歉书等
- 不要在对方准备的任何资料上签字或盖章
- 协商初期阶段，不要轻易允诺对方提出的任何要求
- 彻底查明事实真相前，不要轻易道歉
- “我方会积极配合解决问题”等迎合对方期待的话不要说
- 整理相关资料，区分已确认事项和未确认事项
- 果断拒绝对方提出的一切不合理要求
- 在征得对方的理解前，对诊疗过程进行耐心细致的说明
- 体谅患者及其家属焦虑不安的心情
- 不要理会对方单方面的判断
- 引起对方不快时，可适当表达歉意
- 当双方交涉陷入胶着状态时，可邀请律师参与，协助解决

技术二　不与第三方交涉

“与当事人交涉”。做到这一点，解决将指日可待。

医患纠纷形形色色、冲突大小不一，其中最复杂最值得注意的莫过于自称患者亲友的人物参与，以“患者代理人”的身份闯入医疗机构闹事。本书在前面曾经多次提到此类案例，想必读者已经对应对方法有所了解。

面对此类医患纠纷时，医疗机构的基本方针是“不与第三方交涉”。与这类人接触时，对方的出发点最初看起来是为患者着想，其实大多别有用心。这个“用心”，明确地讲就是“赔偿金”。

这种人嘴上不提“钱”，因为他们知道那样做可能构成恐吓罪。所以，他们会反复不断强调“你们必须拿出诚意”。但是，当医生拿出患者病历，从医学角度诚恳地进行说明时，对方的本性就会渐渐暴露出来。

从法律层面分析，第三方以患者代理人身份出面调停时，若以酬金为目的多次向医疗机构索要赔偿金，其行为就构成违法。即使医疗机构存在明显过失，这类人也不能随意提起赔偿要求，能够行使权利的仅限患者本人或代理律师，医疗机构必须了解这一点。

医患纠纷事件薄 25 以代理人身份自居的男子提出索赔

“对方单方面扬言称‘下次来的时候必须把话说清楚’。这名患者今天下午就来，昨天已经来过一次。来的时候在院内大喊大叫，搅得其他患者和医护人员惊恐不安。这么不讲理的人还是头一次见。我该怎么办？”

早上 9 点刚过，大阪府一家血液透析中心的 A 院长便急匆匆打来电话，看来情况十分紧迫。

和其他专科医院相比，提供透析治疗的医疗单位遭遇医患纠纷的比例要高得多。到此为止，我受理的因透析治疗引发的医患纠纷已有多件。正因如此，对于怎样应对各种复杂社会背景的透析患者，我早已处变不惊。想来这次的情形也大同小异，于是我进一步向院长了解情况。

可是，院长接下来的话却出乎意料，原来采取威胁、恐吓、暴力等手段的居然不是当事人。

患者 B 女士，现年 60 岁出头，不久前开始接受血液透析治疗。大前天，为确认透析短络［透析短络（dialysis

shunt)，在人工肾脏方面是指动脉血不经过毛细血管而直接流入静脉之意，要作血液透析必须先作短络。血液透析短络是指血液透析时所用短络的材料与体内及体外组织同时作长时间的接触。——译者注］有无问题先接受超声检查，然后开始透析治疗。一般来说，如果患者的有效循环血量不足，透析过程中透析器可能堵塞。

当时负责做透析治疗的是一名新入职不久、经验较少的护士。穿刺过程不太顺利，护士反复穿刺了好几次。血透穿刺对患者非常痛苦，后来 B 女士实在忍受不了，于是叫来 A 院长，生气地指责起来。

此时，一名经常和 B 女士一起来院治疗的男患者 C 突然插了进来。这两人非亲非故，但不知什么缘故，C 男突然以代理人身份对院方大肆指责起来："如果不妥善处理此事，今后走着瞧""这种情况你们必须赔偿"……说了很多粗暴威胁的话。期间，当事人 B 一直在一旁默不作声。

其实。整个事件的经过并不复杂，解决起来本不是什么难事。一般来说，患者在血液透析中心接受治疗，因穿刺不当引发纠纷时，患方不一定有理。当然，这种说法也可能有误。

因为这时存在两种可能，必须结合具体情况分析。

一、如患者所强调的，护士缺乏经验，穿刺技术有问题；二、患者血管状况不良，对穿刺效果有影响。当存在上述两种状况时，特别容易引发纠纷。受理与透析穿刺有关的纠纷咨询时，一般我会先确认这两点。

这次也一样，经了解果然不出所料，B女士的血管状况不良，确实对穿刺效果有影响。当然，如果院方对护士做好岗前培训，也能在一定程度上防止纠纷发生，但现在说这个话为时已晚。

尾内解决术　拒绝第三方与患者一起与院方交涉

基于以前处理同类纠纷的经验，我向院长提出以下几点建议。

第一，专门约定时间和场合与B女士好好谈一谈。今天下午，当B女士与C男一起来院时，原则是拒绝该男子与患者一起与院方交涉，可明确告知其：除患者本人，院方没有与第三方交涉的义务。即使医疗机构存在过错，像C男这样非代理律师的第三方无权代替患者向院方提出赔偿要求。

第二，C 男的威胁性话语只是虚张声势。根据我以往的经验，院方只要拿出诚恳的态度，向患者本人进行客观说明，问题一般能妥善解决。

第三，向 B 女士赔礼道歉。交涉过程中，注意不作任何辩解，从客观角度出发对穿刺不顺利“两种可能原因”进行说明，争取让患者理解自身血管状况不良的事实。同时，将今后在院内开展医护人员穿刺技术培训等改善措施告诉对方。

另外，为进一步提高护士的血透穿刺技术，将院方现阶段正就引进血管穿刺用超声设备的准备告诉患者。“向患者表达歉意时，必须同时阐明今后的改善措施”，这是我个人的观点。尽管这样做需要勇气。但是，先在口头上表示改善的决心和姿态也不失为一种有效的解决方案。

就这样，在 B 女士和 C 男到来之前，A 院长打起精神做好一切准备，然后正式迎接挑战。

等两人走后，A 院长马上给我打来电话，谈了刚才会面的情况。首先，与对方会面后，院长先向 B 女士表明拒绝局外人介入的态度。B 女士接受了提议，让 C 男“先在外面等一会”。就这样，C 男走出会谈室等候消息。

之后，经过一番耐心说明，B 女士接受了 A 院长坦诚的道歉。此后，据说 B 女士也曾多次与 C 男一起来 A 院治疗，但再也没有发生过类似问题。

纠纷的教训　将第三方请出局外

所谓第三方，有时是患者的熟人朋友，有时是远亲近邻。这些人往往自称“受○○委托”，替当事者本人出面交涉。其真实目的往往是要求金钱赔偿。

对于以前受理过的纠纷咨询案件，我最大的感受是现实生活中，不少医疗机构对这类人的态度不是给其闭门羹，而是对方说什么就是什么。当然，如果患者未成年、年事已高或身体行动不便，经过调查核实，有时可以与之交涉。但是，从原则上来说有权以患者代理人出面交涉的仅限受当事人委托的代理律师。如果有第三方介入，在强调纠纷严重性的同时暗示索要赔偿，院方应坚决果断地予以回应，并质问其“有无代理律师资格”。

技术三　争取患方的谅解

与对方耐心周旋，“尽全力沟通”。

医患纠纷中，如果患者受伤或医疗机构存在明显过失时，处理时应特别慎重（“从患方立场体谅对方的感受”很难，对于这一点，很多人其实并不理解）。

作为医生，针对问题向患者坦诚地说明事件真相非常重要。事件过程可以稍后再说，谈话的重点应放在眼前发生的问题上。此时，注意谈话的内容仅限“经过确切认定的事实”，避免模糊表达或模棱两可的说法。

从患者的立场来说，相信医生采取的治疗手段和处置方法是人之常情。当不可预知的医疗风险或医疗过失突然发生时，患者最想知道的是怎样避免这种情况发生？能不能防止这种情况再发？这时，在事件真相水落石出之前，医方决不能匆忙下结论。直到更多事实被彻底调查清楚后，再向患者及其家属说明情况。

解决问题的关键是能否取得患者的谅解。

当医疗机构存在过失时，怎样处理才能获得患者的谅解？下面就通过一个具体案例来说明。

医患纠纷事件薄 26　疫苗接种错误

“今天早上，我们接到一名患者母亲打来的投诉电话，说我们给孩子打错了疫苗。经过核实：我们院的护士的确打错了疫苗。不巧今天院长休息，只好让代诊医生先打电话联系对方。请问现在我们该怎么办？”

打电话的是大阪府南部一家 C 医院的女事务长。此前，我受理过多起与疫苗接种错误相关的咨询案例，对这类纠纷的处理可说是得心应手。尽管这样，为避免工作差错，我还是像以往一样向对方进一步了解情况。

患者是一个 5 个月大的男婴。几天前的下午六点多钟，男婴由母亲抱来 C 院打 DPT（百白破三联疫苗）疫苗。打完疫苗后，男婴母亲领了一张接种印花证明后就抱着孩子回家了。

两天后，意外发生了。在给母子手册上贴接种印花证明时，男婴的母亲无意中发现这张接种证明上写的竟然不是 DPT，而是 MR（麻疹风疹二联疫苗）。这位母亲吓了一跳，立刻打电话给 C 医院。

接到电话后，起初医院怀疑是不是护士交给患者家属的接种证明有误，但经过调查后发现，的确是疫苗接种错误。

整个事件的经过就是这样。疫苗接种当天，负责注射的护士是小 A。当时患者很多，小 A 一时忙不过来。于是请求二楼的值班护士小 B 下来帮忙。小 B 下来后，看到治疗桌上摆着一支 MR 疫苗，以为是给男婴准备的，没有和男婴的母亲核实，就顺手拿起来给男婴打了。而这支 MR 疫苗是护士小 A 刚从冷藏室里取出来，准备给另一名患者用的。

至此，事件的经过大体弄清了，我问事务长事后有没有打电话给患者家。

“打了。经核实发现疫苗接种错误后，我们立即给患者家里打了电话，告诉对方‘准备现在过去登门道歉，就事件经过进行说明’，但是被对方拒绝了。代诊医生在电话中安慰对方说孩子的身体暂时不会有异常反应，还叮嘱其注意接种 MR 后可能出现的症状以及需要注意什么。然后又与对方约定等当晚孩子父亲回家后，院方会派专人前往，说完就挂了电话。”

也就是说，在登门造访患儿家之前，事务长希望从我这里获得一起指导性建议。但是，我认为还有两点需要进一步核实。一、院长为什么不在；二、该院的夜间门诊制度情况。

原来，院长之所以不在，是因为这几天去国外参加某学术会议。经过联系，得知此时院长还在飞机上，最快第二天才能赶回。

另外，该院的夜间门诊制度如下：医院夜间设两名值班护士，以前从未发生过问题。疫苗接种错误当天情况特殊：那天检查项目多，而且一个高龄患者输液时出血，各种情况掺杂在一起，值班护士忙不过来。

尾内解决术　告诉患方防止今后问题再发的处理和预防对策

了解事件的大致情况后，很快，我向事务长提出以下几点建议。

第一，预防接种工作由市町村（日本地方自治体的一种。——译者注）主管，因此，建议该院立即派人前往上级主管部门报告此次预防接种错误事故，征询相关指导建议。

第二，关于向家属赔礼道歉一事，解决起来需要一段时间。因为除了患儿的双亲，其祖父母、外祖父母的反应可能更强烈。发生这类医患纠纷时，患方的怒火一般很难平息，因此不要以任何理由为己方辩解。另外，等院长回国后，由院长本人出面再次前往患方家登门赔礼道歉。

第三，这一点最重要，即向患方说明为避免医疗工作再次出现失误，今后医院准备采取哪些具体改善措施。此时，注意不要把医疗差错一味地推到护士身上。

基于上述三点原则，事务长于当晚前往患儿家登门赔礼道歉。和我之前的设想一样，除了患儿的父母，连同其祖父母在内一起指责来访的诊所人员："万一以后孩子落下后遗症怎么办""你们准备怎么补偿"……

面对炮轰，院方人员一个劲儿地赔礼道歉，并告知家属改日将由院长本人再次正式上门道歉，届时会转交家属关于本次事件经过的报告和致歉函，希望对方谅解。隔了一天，回国后的院长再次登门道歉，期间就今后院方准备实施的一系列预防接种工作流程进行改善、医务人员配置调整等与家属交换了意见。另外，还对孩子今后的健康问题向家属坦诚相告，表示一旦发现异常，让家属随时带孩子来院。

结果，家属的怒气渐渐平息下来，会面结束时，对方也表示了谅解，说"今后还会去诊所看病，如果说了不得体的话，别放在心上"。

医疗机构存在过失时，受到患者及家属的苛责是必然的。此时，郑重地向对方赔礼道歉，阐明今后的措施和对策，是解决此类纠纷的不二选择。

纠纷的教训　过失发生后的跟踪随访很重要

给药错误、预防接种错误，这类问题发生的频率虽然不高，但每年总有几起。总体而言，上述案例中出现的情况比较普遍。

在这起纠纷中，负有过失的诊所方后来写了一份正式的道歉函交给家属。解决医患纠纷时，原则上一般不写保证书或道歉函。尽管该原则适用于大多数案例，但也有例外。比如上述案例就不适用。

首先，医疗机构负有不可推卸的过失责任。此时，最重要的是取得患方谅解。与口头道歉相比，写一份正式的道歉函交给家属更容易得到患方的谅解。院方起草道歉函时，我提出两点建议：一、如实记录预防接种差错事故的整个经过；二、为医疗工作失误坦诚地表达歉意。

这样做的原因有两点：一、幸好患儿在接种错误的疫苗后没有发生副作用；从某种程度上来说，患儿家属的反应“比较克制”。此时，如果患方反应升级，解决方式可能需要进行一定调整，比如支付一定金额的损害赔偿。

二、以这起纠纷为例，当医疗机构存在过失时，院方努力向患方说明今后对内部工作流程和体制进行哪些重大调整和改善。最终，患方家属被院方的诚意打动，怒气渐渐平息。这种情况以前我也碰到过。总之，从医疗机构的立场来讲，只有从失误中汲取教训，以此为契机拿出改善的姿态，才能让患方感受到“坦诚的态度”和“知错能改的意愿”。

技术四　与警方建立良好的协作机制

超群的强制执行力，值得信赖的合作伙伴。

医疗机构发生医患纠纷时能不能找警方出面解决？以前，警方往往以“不介入民事纠纷”为由婉拒，现在这种情况已经有所改观。特别是黑恶势力参与的医患纠纷案，警方出面的可能性正在增加。

医疗机构遭遇“问题患者”，准备找警方协助解决时，一般来说，可前往所在辖区警局的生活安全科咨询。当遭遇暴力胁迫等刑法范畴的医患纠纷时，还可以向刑侦科提出申请。但是，最好先找生活安全科咨询，如有必要，再请相关人员介绍。

前往辖区警局前，应准备一份纠纷经过资料前往。在了解案件的真相情况后，警方也便于采取行动。除了记录事件经过的资料，如果持与“问题患者”交涉过程中的录音资料前往更好。

只有前往警方报备，与警方构建良好的协作关系，以后即使再发生其他医患纠纷，也能与警方迅速取得联系。注意从平时构建与警方的良好协作关系，警方也会积极参与，并提出各种中肯的建议。

即使现阶段没有发生医患纠纷，与警方建立良好的协作关系也是必要的。例如：定期在院内组织开展暴力对策研讨会，邀请辖区警方派专人讲课等。

医院规模较大时，院方还可以考虑聘请警方人员负责处理院内医患纠纷。另外，日本各都道府县的警局总部还设有专门的纠纷事故调停窗口，可以与该部门联系及咨询相关事宜。

医患纠纷事件薄 27　坐急救车来院索药的患者

“没见过这种患者，真不想给他看病……”

早晨刚开始工作，我就接到一个电话。电话里的声音显得很不平静。打电话的是某小型急救中心的事务长，听起来似乎遇到了不小的麻烦。

听完对方的讲述，我才明白事务长的困扰不是没有道理，毕竟人和人（患者）之间千差万别，有的人就是不讲理。

“问题患者”是男性，现年60多岁。最初因腰椎间盘突出症来院就诊，后来因症状恶化需要手术治疗，但本人拒绝手术。鉴于患者本人的意见，院方决定先用镇痛药（注射药物）缓解疼痛。

这种镇痛药属于强效精神药品，长期大剂量使用，可能产生药物依赖性和幻觉等副作用。关于这一点，患者是知道的。一开始，主治医生在该患者的要求下开过几次处方，后来发现患者有疑似药物依赖症，于是就不肯再开了。

发现主治医生的态度变化后，该患者动了一番脑筋，专拣这个主治医生不在的时间来院。就诊前先打电话给咨询台，了解各值班医生的出勤和轮岗时间，然后选定某个“可能开药”的目标医生专门来院开药。

此后，该患者的症状经常恶化，后来干脆坐轮椅来院。再后来，因为担心病情进一步恶化，他居然每天打电话给急救中心叫车接送来院“往返治疗”。最多时，一天内来院达三次。

急救中心被这名患者搞得相当无奈，但对方口气强硬，坚称以前曾被临近某家医院拒诊，要求该中心“无论如何得照顾自己”。

束手无策的院方也曾多次告诫该患者，但每逢此时，他就在院内大喊大叫，宣称“这家医院拒诊”，而且威胁恐吓不断。结果，院方犹豫不决，事情就这样一天天地拖下去，直到变成现在的局面。

尾内解决术　重点是采取措施果断应对

听完整个事件的经过，我不禁对这名患者的背景产生了兴趣。难道这个人以前在讨债公司干过？从他前后一连串的行为分析，不像是普通人所为。

面对这种情况，院方要做好充分的思想准备。只要在威胁恐吓等反社会行为面前表现出一丁点退缩，就会正中对方下怀。因此，院方必须拿出足够的“勇气”和“胆魄”，坚决果断地和对方直面交锋。

我对事务长谈了上述想法后，又提出以下几点建议。

第一，最重要的一点是在全院上下统一认识和行动，共同面对。因为患者已经出现明显的药物依赖症症状，所以，“无论该患者怎样纠缠，决不开药”“如果该患者再在院内大喊大叫，扰乱正常医疗秩序，影响其他患者，可以拒诊”。如果做不到，就会给该患者留下可乘之机。

第二，向警方寻求帮助，请求辖区片警在急救中心附近巡逻。警方出面时，一般对方的行为会有所收敛。另外，可以从警局购买或申领“警察官立寄所”警示牌，挂在医院入口等显著位置，作为警方合作机构的证据。

第三，这类患者一般不好惹，为慎重起见，可以向律师求助，运用法律手段解决。患者于就诊期间在院内大声叫喊、采取恐吓威胁等扰乱医疗秩序的行为，被视为扰乱公共治安管理罪的可能性较大。

另外，凡遇不可抗力或突发事件时，如果医务人员的生命财产等遭到威胁，可以先按对方的意愿行动，然后联系警方，由警方出面协助解决。

一天后，据事务长描述：在我的建议下，该急救中心迅速组织人员采取行动。

首先，准备期间设六天。期间，院方召集全院所有专职和外聘医务人员以及行政办公人员，要求全员统一行动，对“问题患者”采取坚决果断的态度。

其次，派人前往警方说明情况。请警方出面协助巡逻和申领“警察官立寄所”警示牌等事很快落实到位。此外，院方还和律师取得了联系。

准备工作一一落实，终于，与“问题患者”正面交锋的日子到了。起初，该患者吵闹了一番，后发现周围气氛不对，就不再坚持要求值班医生“开药”。此后，这名患者销声匿迹，再也不见踪影。

如果院方不采取措施果断出击，“问题患者”的粗暴行为必然升级，甚至影响医院正常运营工作的基础。现在，因深陷此类问题的泥沼，寻求专门机构咨询的医患纠纷案正与日俱增。

纠纷的教训　全员统一认识

在上述纠纷案中，为什么“问题患者”表现得如此强硬？而相对地，院方的态度则唯唯诺诺。但事已至此，深究也没有意义。

现在，很多医疗单位无论规模大小，都组织人员编写医患纠纷对策和处理指南。但是，遇突发事件时，理论上的东西很难在实际中发挥作用。而理论指导不能发挥实际作用，一定是某些环节存在欠缺，医院高层管理应深刻认识到这一点。此外，最大的问题其实是面对上述案例中登场的“问题患者”时能不能拒诊，院方不敢肯定。结果，院方犹豫不决的态度使责任被推诿到一线医护人员身上。

对于这种情况，我的建议是果断采取措施。如果医院为尽快息事宁人，竟屈从对方的无理要求。那么，患者的行为会越来越出格，严重时甚至可能动摇医院正常运营的基础。这是一个院方没有及时采取措施解决的案例，但值得欣慰的是，问题最终得到了解决。

在全员间统一认识，拒绝患方的不合理要求。向警方寻求协助，直面“问题患者”，以坚决果敢的态度回击。只有这样，才能远离那些纠缠不休、提出不合理要求的心怀叵测的“问题人群”。

技术五　也可以考虑“出钱解决”

提出赔偿的时机选择错误时，必然面临不可预知的危险。

医疗机构存在过失的情况暂且不论。相反，部分医疗机构并无过失，仅仅碍于声誉，采取妥协方法息事宁人、以钱消灾的现象一直存在。

当医方摆出一副愿意花钱消灾、能捂就捂的态度时，就很容易被患方抓住软肋。结果恶性循环，索要的金额越来越多，甚至会坏了患方的“心性”，认为“反正你们愿意出钱了事”。而且，就算医方以为“花钱买到了平安”。几年后，当事人可能再次找上门来，“对不起，我的身体又出状况了”，再次提出索赔。

一般来说，解决医患纠纷时，原则上交涉之初不要谈赔偿金的问题。但是，具体问题具体对待，也不能完全排除通过赔偿金等途径解决问题的可能。

这时，具体怎么赔偿，提出赔偿的时机选择非常重要。

让我们通过下面的案例重点看看这个问题。

医患纠纷事件薄 28　内窥镜检查后患者吐血

“前天，在我们医院接受检查的患者 A 回家后突然呕血，被急救车紧急送往其他医院治疗。后来 A 的儿子打电话告诉我们情况，我们立即派人前往探望，但患者家属非常生气。今后该怎么办？”

这次打电话的是一家标榜专注内科胃肠治疗的 B 医院

的院长。几天前，B 院接到某患者儿子打来的投诉电话，怒气冲冲地指责说：“在你们医院看完病后，我母亲的身体状况突然恶化。你们到底干了什么？”

从 A 住院后次日起，B 院长已连续三天前往病房查看。现在，患者家属的情绪有所缓和。但 B 院长还是担心“今后如果处理稍有不当，问题可能更加棘手”，于是打电话向我求助。

B 院长的专业是消化内科，此前曾多次施行胃部内窥镜检查。该院开业 20 年来，从未发生过大的医患纠纷。B 院长一直对自己的诊疗技术水平相当自信。

患者 A 为高龄女性，现年 72 岁，因胃部疼痛来院。当日，B 院长亲自为 A 实施胃部内窥镜检查，期间取了一小块胃粘膜组织做检查。

检查结束，A 说“难受”，于是在诊疗室的床上休息了一会儿准备回家。A 离开时，为慎重起见，B 院长还特意叮嘱其：“回去后如果觉得身体不适，请马上打电话联系我。”

由于对 A 的情况一直放心不下，当天晚上，院长拨通了患者家的电话，听家属说患者回家后一直躺在床上休息。接着，电话挂断后 20 分钟，A 突然开始吐血，被家人紧急送往附近的一家医院抢救。经该院诊断是胃壁出血，需要住院治疗两周。

但是，为什么该患者胃壁出血不止呢？据B院长说：检查过程中并没有过度损伤胃壁，而且检查结束后，也开了止血药。

听B院长讲述的同时，我还是觉得不太理解，患者胃壁出血不止，是不是有其他原因？想到这里，我小心翼翼地询问，院长这才吐露实情。

原来，这名患者以前有腔隙性脑梗病史（一种发生于脑深穿通动脉或微小动脉的缺血性微梗死），同时在另一家医院治疗。在该院医生的指导下，从一年前开始服用某抗凝血剂。

这种药物说明书上明确标明："消化道溃疡患者发现胃出血时，可能导致症状恶化。"据此推测，在这种药物的作用下，对该患者施行胃粘膜采集时，胃壁出血可能远远超出了B院长的预想。

尽管存在这种可能，但还并不能下结论。因为A某在服用抗凝血剂的10个月前还接受过一次胃部内窥镜检查（患者没有告诉B院长服用抗凝血剂一事），当时并未见异常表现。

最终，与B院长交流后，该患者胃壁出血的原因还是不明。

尾内解决术 最后提议金钱赔偿

在上述案例中，出于道义和责任感，从患者住院次日起，B 院长每天亲自前往探望。所以，这场纠纷已经开始朝着解决的方向转变。接下来需要做的是寻找“妥协点”。对此，我向院长提出以下几点建议。

一方面，从患者及家属的立场考虑，当然想弄清楚为什么患者出现吐血紧急住院的情况？首先，B 院长应就在本院诊疗当天患者突发异常住院的客观事实向患者及其家属表达歉意，另外，向患者家属说明出血的原因之一可能与患者长期服用抗凝血剂有关。说明时，注意措辞一定要谨慎。

另外，可以顺便提一下以前（10 个月前）患者接受胃肠道内窥镜检查时无异常的情况，可以从客观事实出发对出血的原因进行说明，例如“长期用药时，不排除患者的体质发生变化的可能”。这样，患者及其家属才有可能不会把责任全部归咎于 B 院长一人身上。

另一方面，B 院长前往探望住院中的患者时，看到 A 住的是一间个护病房，因为“患者需要支付额外的床位费”而感到不安。此外，对于这次的住院费用，患者家属似乎也有些意见。所以，我建议如果患者及其家属接受 B 院长的说明，可以提议负担患者此次住院的部分费用。

隔了一天，B 院长按我的建议采取行动，患方表示接受。不幸中的万幸是：本来 A 需要住院治疗两周，因病情趋稳，只住了六天，患者就康复出院了。B 院长主动向患方提议愿意承担其中七万日元的住院费用。这次反而是患方觉得过意不去了。

纠纷的教训　涉及金钱赔偿的交涉最复杂

通过金钱赔偿等方式解决医患纠纷时，必须注意一个问题，即“双方交涉之初不要谈钱”。

医疗机构负有引发医患纠纷的部分责任或无直接过错时，主治医生出于道义层面的考虑，认为应承担部分责任时，院方的态度往往是“出钱摆平，息事宁人”。即使在这种情况下，院方也应从医学角度出发，对事件和背后的原因展开彻查，把结果如实告知患者及其家属。在征得对方的谅解后，主动提议进行补偿或赔偿。

如果院方在没有任何准备的情况下突然提出补偿或赔偿，即使患方未索要赔偿，也可能产生“没问题！只要你们赔钱，我们就不纠缠了”。这样一来不但伤害双方感情，而且事情也不好收场。对于这一点，医方需做好充分的思想准备，在此基础上与患方谨慎接触。

上述纠纷案中，院长本人多次前往探望患者，向患方表达了充分的诚意，挽回了已经濒临破裂的医患信任关系。在此基础上，又主动提出愿意负担部分治疗费用，所以顺利地取得患方的谅解和感谢。

技术六　关键时委托律师出面

委托律师处理是制止医闹行为的有效手段，但不要事事都依靠别人。

我向咨询方推荐由律师出面，代为协商解决的主要有以下两种医患纠纷。

一、无论我提出多少建议，对方没有坚持到底的信心。一面向我寻求解决问题的方法，一面又向其他人询问。对于这类做事犹豫不决、拿不定主意的人，不管怎样建议也没有效果，于是，中途向其推荐了一名律师。只有在权威、头衔面前才甘拜下风的人在这个世界上比比皆是。那么，只好请律师出面帮助他们解决问题了。

二、无论医生是否具备自我权益保护意识（法律意识），患方一味纠缠的医患纠纷案。这类纠纷中的患方一般是“患者大人”或“医闹型患者”，很难要求警方介入，而且患方的行为往往对医院或医务人员的正常诊疗工作造成影响。这时，请律师代为出面是明智之举。

下面介绍的案例属于第二种情形。

医患纠纷事件薄 29 把捡到的废品堆放在医院停车场的住院患者

“我们这儿碰到一个特别难缠的患者，真想把他赶走。每天都醉醺醺地跑到门诊闹事，而且还向过去住院时认识的一个女患者那儿死乞白赖地要钱。我们一警告，他就大喊大叫地宣称‘要砸了我们医院’，医务人员已经受不了了。”

“怎么会有这种人？”其实，找我咨询这种纠纷案的不在少数。对于这种患者，一般的处理和沟通方式根本不起作用，有时反而会助长对方的气焰。只能采取强制措施应对。

这次打电话咨询的是 K 医院的事务长。

“问题患者” T 是一名男性，今年 50 多岁。一年前，因肝功能障碍来院就诊，之后住院治疗了一段时间。出院后继续定期前往 K 医院就诊，据说目前没有工作。

我迅速了解了目前的情况，得知患者 T 的反常行为如下：

在 K 医院住院后不久，T 不知从哪儿捡了一件破烂儿，顺手搁在自己的病床旁边。后来，病床旁边没地方放了，T 就把废品转移到院内停车场的一个角落。

事务长曾多次告诫其处置该物品，起初 T 装聋作哑、佯作不知，后来居然勃然大怒，还说了一些难听话。不久，T 出院了，但那件废品还堆在院内停车场。院方没办法了，只好找了一名律师咨询，通知 T 本人后处置了该物品。

出院后继续来 K 院就诊的 T 换了一种方式，开始去住院时认识的一个女患者所在的病室探望，动不动就缠着对方要钱，并且赖着不还钱。后来，一见 T 来院，女患者就吓得躲开。

另外，每次来院就诊时，在候诊室等待的 T 都一身酒气，醉醺醺地对其他患者说 K 院的坏话。这种情况已经持续了几个月之久。

尾内解决术 准备“法律应对措施”

但是，K 院的领导居然听之任之，忍耐了这么长时间。听完事件的叙述后，我一边安慰事务长，一边提出以下几点建议。

第一，K 院必须保证躲避 T 的女患者的人身安全，并对 T 提出警告：“今后如果擅自闯入女患者的病室，院方将立即通知警方。”

第二，T 某的行为已构成“犯罪”，必须在全员间统一认识。T 现在的行为，例如在院内散播流言蜚语、诽谤本院声誉、酒后来院寻衅滋事等扰医行为将严重影响本院在患者心中的印象，导致评价度下滑。这一点有目共睹，这种行为构成扰乱公共秩序的可能性极大。

另外，如果住院的女患者遭到 T 勒索，精神上遭受惊吓等困扰的情况属实，T 的行为可能构成胁迫罪。院方应派人搜集整理相关资料，向辖区警方提出受害申报。

提交受害申报时，可以顺便请求警方派人定时定点在诊所周围巡逻，同时从警方申领或购买印有“警察立寄所”的警示牌，挂在医院入口处和其他显著位置。

第三，考虑到 T 可能采取某些不可预知的攻击行为，可以向律师咨询，采取法律措施应对。

在此基础上，如果T继续不改，说明其背后可能与地方上的黑恶势力之间存在某些瓜葛。此时，可以考虑对其行为进行监视，同时尽量留取语音记录等以备后用。即使遭到恐吓威胁，也要坚决果断地与之周旋。

在我的建议下，事务长终于下定决心彻底解决此事。首先征得院长的同意，当天晚上打电话给T，在电话中严词警告其今后如果擅闯女患者的病室，院方将立即通报警方。另外，还语气强硬地告诉其本院已寻求律师帮助，考虑通过法律途径解决。

一周后，事务长打来电话，说现在T老实多了，但还是不肯善罢甘休，经常一身酒气地跑到医院，在候诊室对其他患者说三道四。

难道对付这个T某，就真的一点儿办法也没有了吗？于是，我建议事务长可以进一步警告对方：如果今后再喝完酒来院闹事，院方一样会毫不留情地通报警方出面处理。

事务长听取了我的建议，此后，T再也没有来过。这场旷日持久的纠纷案终于落下了帷幕。

纠纷的教训　解决问题的主角是医院，律师是配角

在这起医患纠纷案中，让我感受最深的是该院的院长和事务长优柔寡断（敷衍了事）的处事态度。对一个浑身酒气来院的“问题患者”，怎么能像对待普通患者一样呢？看来该院的管理层在处理“问题患者”方面经验相当欠缺。如果重视普通患者，那么，让一个酒气熏天的“问题患者”入院显然不合情理。而且，该“问题患者”并非重危或者需要紧急救治，这时完全可以拒诊。

为了制止“医闹”或“问题患者”的恶意扰医行为，第一，可以向警方寻求帮助；第二，可以向律师咨询，从法律层面采取措施解决。视情况需要，有时我也会找律师咨询，律师是帮助当事人解决纷争的不可或缺的存在，这一点毋庸置疑。但是有一个问题不要搞错：几乎所有向我寻求咨询的医患纠纷案，即使委托律师全权处理，也未必能够彻底解决。

归根结底，解决问题的主角是医院自身，无论警方还是律师，作用充其量只是协助。关于这一点，医疗机构应该清醒地认识到。

技术七　由院方出面保护成为众矢之的的员工

与发生纠纷相比，不着手解决才是问题的症结所在。

因院内暴力和龃龉丛生的医患关系引发的医闹冲突导致的危害无可估量。遭到患者的暴力言行或被迫满足患者无理要求的医务人员心中时时被挥之不去的阴霾笼罩着。有的人甚至因此患上过度通气综合征（过度通气综合征是一种因急性焦虑引起的生理和心理反应，发作时患者会感到心跳加速、心悸、出汗，因为感觉不到呼吸而加快呼吸。——译者注）、神经官能症、抑郁症等疾病。

即使事态不至于发展到这种地步，在医闹、暴力伤医等行为的困扰下，医务人员的工作热情会不可避免地受到伤害。如果因此导致医务人员接二连三地辞职，不但会造成医疗品质下滑，还会大大动摇医院的运营基础。影响最终会波及那些需要接受治疗的普通患者。

保护医务人员免受医患纠纷的伤害，换句话讲，也是保护患者。

医患纠纷事件薄 30　因患者的恶语中伤患上过度通气综合征

“我们医院咨询台的工作人员被一个患者恶语中伤后，出现创伤后应激障碍，即 PTSD，指个体经历、目睹或遭遇到一个或多个涉及自身或他人的实际死亡，或受到死亡的威胁、严重受伤、躯体完整性受到威胁后，所导致的个体延迟出现和持续存在的精神障碍等症状。这名员工非常敬业，我们想为她做些什么。”

大约三个月前，九州市 A 医院的事务长打来电话向我咨询上述问题。据说引发这起纠纷的患者是一位“患者大人”。像平时一样，首先我向事务长了解案件的详细情况。

患者 X，男性，是一名出租车驾驶员，今年 50 多岁。几年前，因高血压定期到 A 院治疗。近来出现一些轻度抑郁症状，同时在附近一家心内科 B 诊所就诊。在 A 院和 B 诊所看完病后，X 一般带着处方去 A 院门口的一家药店购药。

一天，X 从 B 诊所出来后，像往常一样拿着处方去药店购药。但是，这次的处方药调配起来需要一点时间，于是，X 决定过一会儿再来取药。

这家药店的正常营业时间是到 18：00 关门，而 X 因工作关系，19：00 才有空来取药，于是委托药店“暂时把药放在 A 院保管”。药店方的回答是“如果 A 院没意见，我们就把药放在他们那儿”。于是，X 打电话给 A 院拜托此事。

当时，接电话的是一名女工作人员，该女在电话中拒绝了 X 的要求：“对不起，我们医院不能代为保管。”几天后，事情发生了。一天中午休息时间，X 来到 A 院，把接电话的女工作人员叫到咨询台，接着声色俱厉地训斥道：“药店都说没问题，你凭什么说不行。你算老几？”

X 破口大骂了十几分钟，其他工作人员见势不妙，连忙通知事务长前来解围。此时，X 的情绪稍微平静了一点。于是，事务长耐心地向他说明本院原则上确实不允许帮病人代为保管院外购买的药品，X 有所释然地回答了一句“知道了”，然后就走了。

X 的攻击就此停止，但那名被训斥的女工作人员开始频繁地出现过度通气综合征的症状。一段时间内，即使不是 X 本人，只要一看到与 X 相同车型相同颜色的出租车，她就开始发病，严重时甚至无法正常工作。

尾内解决术 拿出保护员工的姿态

“你们现在打算怎么办?”

听完事件的大致经过，我问事务长。

“我们正在核实这种情况是否适用工伤补偿保险，另外，也想向您咨询这种情况能不能向 X 提起损害赔偿。”

听到这里，我忍不住叹了一口气。现在，院方首先应该帮助心理受到创伤的女员工早日从阴影中走出来，重新振作起来。

这名女员工本身并无过失。配发药品时，药店的药剂师有义务向患者说明药品的相关信息。另一方面，医院咨询台既没有代患者保管药品的责任，也无法说明药品信息。如果院方工作人员违反规定，导致患者的健康受到伤害时，医院是要负责的。也就是说，女工作人员的处理方式是正确的。首先，我向事务长申明这一点，在此基础上，又提出以下两点建议。

第一，请 X 来医院一趟，向其说明事件发生后，当事人女员工现在的状况。尽管 X 当时在气头上，说了一些过激的话，但应该对自己的话承担责任。

X 所在的出租车公司中，很多司机都在 A 院门前拉活，乘坐这些出租车的患者也大有人在。如果 A 院强令这些人“禁止在此揽活”，一定会对其同事造成困扰。所以，即使院方采取行动，X 也无力回击。这一点显而易见，所以，院方可以表现得强硬些。

第二，引发此次纠纷的原因是药店。如果药店当面拒绝患者的要求，事态不至于发展至此。所以，可以请药店的负责人来一趟，向其说明此次事件的经过，要求其重新确认患者接待制度。

按以上两点实施后，重点向心理受到创伤的女员工说明结果，拿出院方处理医患纠纷应有的责任和态度，让员工在心理上得到安慰。

医院对于保护本院员工不受伤害有不可推卸的责任。于是，在我的建议下，事务长迅速采取了措施。

首先，X 再次来 A 院就诊时，事务长向其详细说明了前次事件后，当事人女员工身体状况异常的情况。说完后，本以为 X 会发火，谁知对方竟然诚恳地低头道歉。

其次，隔了一段时间，事务长请药店的负责人来一趟，把与患者 X 之间发生的纠纷经过做了一番说明。对方经调查发现，当时接待 X 的是一名新入职不久的药剂师，自以为只要得到 A 院同意，就可以把病人的药放在 A 院代为保管。对此，药店负责人也向院方做出道歉，还表示今后会加强对内部员工的培训和教育。

处理完上述事情后，第二天，事务长叫来女员工，将事件的处理结果原原本本地告诉了她。听完后，女员工对医院领导保护员工的态度感动不已，此后，精神状态焕然一新，过度通气综合征的症状也很快消失了。

“多亏您的帮助！”电话中，事务长语调轻松地向我致谢，似乎心头的一块大石终于落地。看来，这件纠纷案终于解决了。

纠纷的教训 不保护职工权益的医院也不会保护患者

这起医患纠纷发生在一家有 150 张床位的中等规模医院，其实，同样的问题也会发生在 500 张床位以上的大医院。原本我以为大医院会设置协调解决医患纠纷的专门机构，谁知实际情况竟然不是这样。在很多我受理的纠纷案中，医院根本没有处理医患纠纷的指挥协调体制，一切都交给医疗一线的员工看着办。既没有协调指挥方针和决策下达者，也没有具体负责人，处理医患纠纷时只能是临时性的权宜之计，结果，往往是患方怎么说就怎么办。

在医疗现场与“问题患者”面对面交涉的医务人员不是被院方苛责“你们怎么解决这件事的”的对象，而是医院应该“竭尽全力保护”的对象。令员工无法安心来工作的职场，是不会把员工的生命和安全放在心上的。医院高层管理必须清醒地认识到这一点。

当员工的身心健康受到伤害时，院方应及时采取措施对员工进行积极治疗，避免事态扩大，这是义不容辞的义务。如果受到伤害的员工感觉不到院方的关怀和体贴，就会失去在这家医院继续工作下去的热情。而且其他员工也会产生兔死狐悲之感：“下一个说不定就轮到我了。”这时，所有人的眼睛都关注着院方的一举一动。医院对医患纠纷采取何种措施，将直接决定着员工们的工作积极性。

只有在医疗一线工作的医务人员热忱地投入工作，才能提高患者的满意度。这一点切莫忘记。

技术八　少量欠费也应及时催缴

解读医患纠纷需灵活应变。

医疗欠费一直是令很多医疗单位头疼的难题。一些接受医疗服务、也具备支付能力、却以“服务不到位”“对治疗效果不满意”等借口拒绝支付个人承担部分的患者正在增加。

其恶劣性质与蹭饭蹭车族相同，是一种犯罪行为，但当事人对于这种行为性质的认识相当淡薄。其根源出在日本医师法第 19 条：“医生从事医疗活动时，如无正当事由，不得拒诊。”即使患方当时存在欠费行为，医生也不得以此为由拒诊。

这条规定为每一名患者在享有医疗资源的平等权上提供了有力的法律保障，但对医疗机构来说，却成了患者预后付费和医疗欠费问题的根源。也就是说，是否按时交纳医疗费用更多地仰仗于患者的伦理道德观念，而其中一部分患者就巧妙地钻了这个空子，想方设法地逃避、赖账。

对于故意拖欠医疗费的患者，我的观点是不能像对待普通患者那样对待他们。换句话讲，“患者是弱势群体，所以，医院应该忍受不合理要求”等想法必须摒弃。如果医院不端正态度严惩目前医疗一线的乱象，医疗欠费将无休止地膨胀下去。如果“××医院对医疗欠费管理不严”等传言在患者间传播开来，这类患者就会源源不断地涌向这家医院。到时，××医院的运营必将难以为继。

对于拖欠医疗费的咨询案，我一般从两方面出发向院方了解情况：一、因经济能力不足，无法支付医疗欠费的患者；二、以各种借口反复抵赖、不想支付的患者。

对于前者，有时可以视对方的态度，提出分期补缴欠费等对方便于接受的提议。对于后者，则必须果断出击，采取强制措施向对方追缴。

根据我以往的经验分析，电话和书信等催缴方式起不到太大效果。因为不是与欠费方当面交涉，所以很容易被对方忽视。最有效的方法是去患者家中造访，视情况拿出欠费清单让患方一一过目，同时详细说明治疗经过。

此外，患者参加国民健康保险时，还可以委托保险方代为催缴。而且，之前必须由医疗机构自己出面，先通过电话、寄送欠费清单等方式对欠费方进行访问和催缴。另外，委托保险方催缴时，原则上一般采用电话或书面催缴等方式，实际效果甚微。归根结底，采取切实措施，落实催缴医疗欠费的重任还在医院自身。

医患纠纷事件薄 31　拖欠治疗费的患儿家属

“一名患者的母亲以‘治疗费太贵，交不起’为由拒绝交钱。开业以来，我们诊所第一次碰到这种事情。请问怎么办?”

打来电话的是大阪府北部某耳鼻喉科医院的 A 院长。这家医院新开业不久，就碰上这起拖欠医疗费的事情，正处于困扰中。

患者拖欠医疗费的原因多种多样，但是没有统一的解决模式或方法。重要的是摸清患者的情况，对症下药。首先，我向院长了解此次事件的具体情况。

患者是一名男中学生，几天前听力下降。当天，男孩儿突感一侧耳朵疼痛，没带保险证就赶到 A 院就诊。院长怀疑患者是急性中耳炎，为探查鼓膜的情况，院长使用电耳镜为患者做检查。检查过程中，发现外耳道耵聍（耳垢）积聚，形成团块阻塞了外耳道，于是试图清除，但因患者主诉疼痛被迫中止。由于怀疑患者是中耳炎，所以为其实施了标准听力和鼓室听力（tympanometry）两项检查。

检查结束后，等到该交钱的时候，男孩儿说“钱不够”。于是，窗口工作人员让他过后带保险证和钱一起来补交，就让他回去了。

一周过去了，男孩儿却一直没有出现。前天，院长给患者家打了电话。开始接电话的是患者的妹妹。院长问：“你妈妈在吗?”接着，听到女孩儿在电话里喊了一句：“妈妈，A 医生打电话找你。”可是过了一会儿，女孩儿重新拿起电话，告诉A院长："我妈妈不在。"说完就挂断了电话。

第二天，A院长再次给患者家打电话。这次，患者的母亲终于接了电话。当院长向其说明治疗经过和医疗欠费，要求其尽快带着患者的保险证来院补缴欠费时，却遭到一顿反驳。

"有认识的人说：'孩子在医院就做了几项简单的耳部检查，怎么会交这么多钱，太离谱了！'我们没法接受，这钱交不了。"

于是，院长只得继续向其说明当天的检查内容和诊疗费明细，但对方始终坚持"不交"。

尾内解决术　搁置不管，缺口就会越扯越大

实际上，当时院长对患者实施的耳部检查和治疗不是简单处置，而是采取了一些非常规措施。关于这一点，患者的母亲可能并不理解。另外，本案例可能适用于前文提到的第一种情况——因经济能力不足，无法支付医疗欠费。因此，我建议院长可以视对方的态度，提出分期补缴欠费等便于接受的提议。

在我的建议下，第二天，院长亲自去了一趟患者家。登门造访有两个好处：一，大致了解患者的家庭情况；二，和患者的母亲坐下来面谈，有助于了解欠费的真实原因。

看到A院长亲自登门造访，患者的母亲吃了一惊，顿时显得手足无措。这一招似乎起了作用。经过院长一番耐心细致的说明，同时拿出治疗明细给对方看，很快，对方就同意偿还欠费了。

纠纷的教训　金额再小，也应及时催缴

其实在这个案例中，A院长费了一番功夫追缴回来的欠费只有几千日元，但是，这样做是有价值的。

近年来，随着医疗欠费问题的高发频发，已经严重影响到各类医疗机构的正常运营，“患者欠费无法收回”已经成了困扰医院的老大难问题。

对小型诊疗机构来说，每件医疗欠费的金额平均从数千到数万日元不等，这个数字看上去似乎不大。但是，如果对每件欠费都长期搁置不管，渐渐地，习惯性欠费的患者就会越来越多，这个缺口也会越扯越大。所以，即使欠

费额度不高，也应及时逐项追缴。

为了防止医疗欠费的缺口越扯越大，认真做好每件欠费的催缴追缴工作至关重要。

技术九　“问题患者”的家属中有一个关键人物

找出那个有影响力的关键人物。

近来，在前往某专科医院看完病后，个别患者因其他精神心理方面的疾病或药物毒副作用等出现反常行为，令医院的工作人员不知如何处理的咨询案多了起来。在这类案件中，由于患者下一步会采取什么行为无法预知，对相关医务人员的心理产生严重影响，甚至引发医疗现场混乱的情况时有发生。

在这种情况下，一般没有太好的解决方法。如果能找到对患者有影响力的人或渠道，例如请患者家属出面协助解决，或者如果患者此前曾在其他医院看过精神心理方面的医生，可以向该医生寻求帮助，这样的话，问题一般可以得到解决。

医患纠纷事件薄 32 持续三年的礼物攻势

"我们这儿出了一名不知道想干嘛的奇怪患者。她一天到晚一句话不说，悄悄潜入我们医院所在的写字楼，躲在某个角落里。最近这个人的行为越发古怪，我们已经束手无策了，请问有什么办法吗?"

这次打电话来的是大阪府北部一家皮肤科医院的院长夫人，电话中的声音显得相当疲惫。于是，我进一步向其了解事情的情况。

"问题患者" A 是一名女性，今年 30 多岁。五年前因皮肤问题来该院看病，治疗了两个多月就康复了，之后一段时间没来。但三个月后，恰逢圣诞节，A 带着一份礼物突然来访，而且坚持一定要院长收下。

从院方的立场来说，没有特殊理由不允许随便接受患者送的礼物，因此，当时协助咨询台事务的院长夫人婉言拒绝。但 A 不听劝导，强行留下礼物后离开。

第二次，A 又在情人节当天造访该院，又留下了一件礼物。此后，A 经常来诊所，而且旁若无人地对院长展开礼物攻势。这种情况前后持续了三年光景。

近一年来，A 的态度突然发生了一百八十度变化。在没有任何先兆，也不通知任何人的情况下，她突然闯入医院，在候诊室一坐就是大半天。院长夫人曾多次制止，但A根本不理会。直到有一天，A突然闯入诊疗室，声色俱厉地让院长“返还之前送的所有礼物”。

这件怪事发生后，A不来诊所了，但换成了开头的一幕——她经常悄悄溜进医院所在的写字楼，不是躲在某个角落里，就是在写字楼入口处等院长。

尾内解决术 联系患者的母亲

听到这里，我不由得想到一件事。这家医院的院长我也认识，年轻有为、风度翩翩、人缘很好，是一位有绅士风度的男子。或许A就诊时，因为院长的和善对其产生了好感，于是展开礼物攻势。但是，看到院长毫无反应，A恼羞成怒，甚至发展成跟踪狂。

对于我的这番见解，协助咨询台事务的院长夫人也表示赞同。但是，即使A女的出发点是对院长有好感，也不能纵容其跟踪窥探他人的行为继续下去。

“因为不知道会发生什么，现在我丈夫每次都在他人的陪同下一起回家。”接着，夫人又讲述了最近的新情况。

前天，该院收到一张奇怪的明信片，上面写的全是中伤和诽谤的话。

此外，明信片上的句子一律采用口语，内容由三个短句组成，假名字数排列为“五七五”调，形式很像川柳（一种诗歌形式，类似中国的打油诗，音节与“俳句”同样是17个音节，按五七五的顺序排列。其内容多反映风俗、人情、世风、世态。——译者注）。尽管寄信人匿名，但夫人认为“肯定是A”。

那么，出现这种情况该怎么办呢？从A女最近的行为分析：该女可能存在精神问题。尽管当务之急是解决医院面临的困扰，但同时也有必要思索怎样更好地解决该女的问题。基于以上情况，我向院长夫人提出以下三点建议。

第一，将A此前的所有“问题行为”整理汇总，持相关资料前往警局报备。从院方目前遇到的困扰来看，可能警方还不便采取行动。但是，做好事前报备，既能从警方获得一些建议，院长夫妇从心理上也会感觉轻松一点儿。

第二，向写字楼物业公司反映A的情况，要求保安在日常巡逻期间，注意对A经常出没的场所加强治安管理。

第三，也是“最核心”的部分。趁A外出时联系其母，详细说明A的反常行为和精神不稳定状态。同时，最好能顺便了解一下A的家庭情况，催促家人约束其行为，停止对院长的跟踪骚扰。

次日，院长夫妇立即按我的意见采取行动。首先，夫人给A的母亲打了电话。电话里，A的母亲第一次得知女儿对院长和医院的“问题行为”。据其母描述，之前A在家里曾经出现过一些反常行为。发生这件事后，其母打算带女儿去看心理医生。

几个月过去了，A再也没有对院长和诊所继续采取过“问题行为”。

纠纷的教训　寻找关键人物，加强安全防范

从A的症状来看，此人可能存在边缘性人格障碍（Borderline personality disorder，简称BPD，是精神科常见的人格障碍，主要以情绪、人际关系、自我形象、行为的不稳定，并且伴随多种冲动行为为特征，是一种复杂又严重的精神障碍。——译者注）。我不是医生，不能妄下断言。但遭到该女跟踪的院长和我持同样看法。边缘型人格障碍患者情绪上的起伏波动较大，有时无法自控，还会对周围人采取一些激烈言行（如口出不逊，通过发邮件或寄信等方式反复中伤诽谤他人）。患者经常把焦虑不安等不

良情绪发泄到亲友，甚至恋人身上。在上述案例中，医疗机构成了受害方。

A 女的家人似乎早就发现女儿的行为怪异，但以为是“性格原因，没有太好的解决办法”，一直没有重视。所以，院方可以从这一点出发，规劝家属尽早带患者去看心理医生。

不知道对方会采取什么行动时，院方可以从两方面入手解决。一、寻找对当事人的行为产生影响的关键人物。在患者的家人朋友以及主治医生中，找到这个关键人物的可能性最大。可以通过此人对患者施加压力，督促其停止干扰他人的问题行为。二、加强安全防范。有时，当事人的“问题行为”可能升级，比如投掷、毁坏物品。所以不能一味容忍，而应致力于构建与警方间的协作安防机制。另外，督促当事人家属尽早带其治疗心因性疾病。从上述两方面入手积极思考对策并付诸实施，以期早日解决问题。

技术十　制胜点是胆魄和果敢的态度

有志者事竟成。

本书在前面已经多次强调：解决医患纠纷的技术核心是“胆魄”。即使对医患纠纷进行调查分析，也制订了对策，如果不付诸实施，就失去了应有的意义。医疗机构的每一个成员都应具备“胆魄”，这一点自不用说。医疗一线的“统一决策力”、缺点互补的“凝聚力”、责任人的“领导力”等，发挥“现场全员的力量”对解决问题至关重要。有“现场全员的力量”做后盾，员工才会“鼓起勇气”，沉着应对发生的医患纠纷。

当对方心怀恶意，提出不合理要求时，敢于直面反击或果断拒绝的源泉就是这一“现场全员的力量”。

那么，怎样构建“现场全员的力量”呢？最重要的一点，首先是医院高层管理与一线员工之间建立畅通的沟通渠道。除了以聊天的方式交流，了解员工的想法，倾听员工的需求外，还可以围绕医院未来的发展和现状中的不足听取员工阐述自己的见解，在此基础上制订医院规章和方针策略。

实际上，与患者接触时决定医疗一线风气的是奋战在医疗前沿的医护人员。这些人的工作态度和表现直接决定着医院的运营效益。整体医院运营中涌现的各种问题的源头大多来自医疗一线。

只有建立畅通的沟通渠道，一线医务人员才有机会畅所欲言，才能对个人负责的业务中存在的问题点积极建言献策。如果一家医院从原先全院上下一律闷头干活，一言不发，领导让干什么就干什么的“业务执行型”向一线员工积极主动考虑改善方案的“问题发现型”转变，不但医院的整体精神面貌会为之一变，处理医患纠纷的能力也会显著提升。

医患纠纷应对基础（汇总）

① 站在患者及其家属的立场上思考

让患者感到不快、给患者带来不便、让患者及其家属感到不安时，医疗机构应坦率地承认错误。尤其当医疗机构存在过失时，更应谨慎地从患者的角度出发，采取各种措施缓解医患纠纷。

② 保护员工身心不受伤害

不保护员工的医院，也不会保障患者的健康。当医务人员遭受暴力侵害时，院方应立即打电话报警。全员上下要统一认识。此外，发现医务人员可能面临人身伤害时，应立即联系警方在必要时出面协助。做好最坏的思想准备，尽最大的努力是解决医患纠纷的关键。医疗单位可以视情况，准备并组织相关人员开展“院内暴力和纠纷处理调解”培训。

③ 彻查事实真相

客观公正地了解当前发生的医患纠纷背后的真相非常重要。首先，认真倾听患方的陈述，拿出“理解”的姿态。但是，切忌偏听偏信、草率断言（理解仅仅是维持肯定和否定的中间态度）。应围绕事实真相，向所有参与患者诊疗过程的医务人员进行调查，避免主观判断，逐项搞清事情的每一个细节。调查过程中，要注意遵循三原则：

一、患者受到的损害是什么；

二，医疗机构有无过失；

三，患者提出什么要求。

根据相关法律规定，依法认定医疗行为存在过错，医疗机构应承担赔偿责任时，医方应诚恳地向患方进行说明和承认错误，同时通过律师与患方协商应承担的赔偿责任，并尽最大努力争取患方谅解和弥补己方过错。

当医方的医疗过错虽对患者的身体健康造成损害，但损害程度较小，无需承担法律责任时，医方应诚恳地向患方进行说明和承认错误，同时说明今后为避免同样的事态发生，院方将采取的改善措施，争取获得患方的谅解。

④ 做好会谈记录（保留资料，如有条件可录音）

对医患纠纷发生的日期、场所、涉及的患者、纠纷内容、院方采取的措施、患者提出什么要求等进行详细记录。最好提前准备一份医患纠纷报告。发现患方存在恶意扰医行为，在院内实施暴力言行，损害其他患者的正常就医或扰乱医疗现场的诊疗秩序，及反复强调要求索赔等发生医患纠纷的先兆时，应立即对事发现场的情况进行录音或录制视频资料。有了这些资料，在寻求警方协助时能派上大用场。

在最容易发生医患纠纷冲突的咨询台等处安装多台录音录像设备，建立相关管理机制。录音或录制视频时，无需事先获得对方同意。如果遭到质问，可以直截了当地回复其“这是本院的规定”。

⑤ 协商初期严禁反驳和辩解

在解决医患纠纷的初期阶段，应耐心听取患方的陈述，拿出“理解”（而不是接受）的姿态。该阶段注意谨言慎行，多说无益，否则不但容易被误认为“辩解”，而且容易被对方从中抓住话柄。在双方交涉的初期阶段，反驳和辩解等于刺激对方，无异于火上浇油（交涉初期阶段，倾听等于熄火，反驳等于火山浇油）。

即使觉得患方的陈述与事实相悖，在最初的三分钟内，也应耐着性子听其继续陈述。这样做有助于让对方的情绪稳定和冷静下来。如果不认真倾听，简单的事态也可能复杂化，因此必须特别注意。

⑥ 不要表现出畏惧

另一方面，不要被对方的气势震慑住，也不要轻易按照对方的要求行事，拿出胆魄和勇气直面交锋也很重要。不要在对方的威胁下写任何保证或在任何资料上签字。不该做的绝对不做。

⑦ 选择合适的协商场所

感觉对方的出发点不纯或可能遭到暴力胁迫时，要慎重选择协商场所。原则上不接受对方的邀请，协商在院内进行，协商时应多人参与（最好比对方的人数多）。交涉双方中间须保持一段安全距离（如分坐办公桌的两边），防止对方突然以暴力相威胁。另外，应选择坐在靠门近的地方，确保安全逃离通道，谈判桌上不摆放任何易碎物品（如花瓶、烟灰缸、茶水等，这些均可能被作为凶器使用）。

⑧ 提前模拟实战场景演练

与出发点不纯的对方交涉时，重点要了解对方的身份背景。另外，于事前模拟实战场景演练，设置不同人物角色，设想各种可能，并针对预想的突发情况制订对策。医患纠纷对策不能沿袭惯例，因循守旧，不要盲目照搬他人的经验和技巧，适合自己的才是最佳对策。

○ 情景模拟（拿出诚意）

患方："你们必须拿出诚意。"

医方："您说的诚意，具体指?"

患方："这个问题应该你们考虑吧。"

医方："我们会尽一切努力拿出诚意。"

即使知道对方所说的诚意暗指金钱赔偿，也要有技巧地从对方口中套出"诚意"的实话。

○ 情景模拟（这事儿没完，我们一定要告到卫生部门）

患方："这事儿没完，我们一定要告到卫生部门。"

医方："我们不会拦着您的。"

个别患者会威胁医方，要把事情闹大或在媒体上披露。一般来说，这种人的做法其实是虚张声势，不会真的实施。如果对方真的那么做了，上级主管部门来电来函了解情况时，只要认真说明情况，一般都能得到妥善解决。

后记

我在执笔本书的过程中，特别关注以下几个问题。

第一，必须清楚地认识医患纠纷与发生在其他服务行业的纠纷案的性质不同。虽然从广义上讲，“医疗服务也属于服务业”。但是，医患纠纷与发生在其他服务业的纠纷案存在本质上的不同。如果对这一点不理解，那么，一旦发生医患纠纷，错误会越陷越深，后果将变得难以想象。

第二，必须加深对医师“应诊义务”真正意义的理解。80%以上的医患纠纷矛盾中，问题不断发生的是包括“拒诊”在内的医师“应诊义务”。

从我个人的角度来说，到此为止，日本医疗行业对医师法第19条的理解过于偏执。人们严格遵循法律条文办事无可厚非，但是，医疗行业中对于第19条内容的理解似乎应该与时俱进，而不是止步不前，变成“时代的落伍者”。

第三，针对近年来不断增加的患者问题行为和不可预知型患者采取措施。例如：一些前往专科医院就诊的患者中，少数患者因精神或心理问题，采取某些不可预知的行为或存在药物中毒倾向，这类患者正呈增加趋势。医疗机构对于接诊这种特殊人群非常头疼，也迫切希望在面对这类难题时，有更具体更有效的解决办法。关于这一点，由于牵涉的层面更广，在此暂不作论述。

第四，结合大量经典案例。没有经过实践检验的理论永远都是纸上谈兵。可以通过各类代表性案例进行全面讲解，让院内员工进行模拟演练。

第五，从自身出发，对医患纠纷案频发以及当前的时代背景等问题展开分析。

医患纠纷其实是反映时代的一面镜子。关于这一点，本书在前面已经多次提到，随着医疗保障、养老福利等构成社会安全保障体系的基础面临动摇和萎缩，这些将对患者的价值观和言行等产生难以估量的影响。通过医患纠纷的表象深入思考“时代因素”背后的深层次原因。

本书从以上五点出发，针对当前医患纠纷的基本情况和原因展开深入浅出的分析。无论在读者中会产生怎样的反响，从笔者个人的角度来说，这本书与以往的医疗纠纷解决指导读本存在本质的不同。

本书是以笔者在医疗 & 陪护经营月刊《日经医疗保健管理》（日经 BP 社）上连载的《医院医患纠纷 110 日记》为基础编著而成。

该连载最早从 2005 年 2 月开始登出，起初规划在半年内完成全部连载，后来因内容全面、通俗易懂，具有较强的针对性和实用性，在医疗一线的广大医务人员中引起较大反响，所以一直延续至今。

每期连载一起医患纠纷案。这些纠纷案均以真实事件为原型经过系统改编而成，目的有几点：一、便于读者顺利地阅读和理解；二、把自己处理医患纠纷的经验拿出来与大家分享；三、给后来人留下宝贵的精神财富。这本书可以大言不惭地说是一本集大成之作，也希望把更多的思考留给读者，留给后来人去填补。

其实，我并不喜欢指导手册类读本。在我看来，所谓指导手册，大多是创作者满足自我的一种表现。而且，正如解决医患纠纷的实际过程，具体问题需要具体对待、适时变通，灵活应对时，指导手册之类的架空理论往往派不上用场。解决医患纠纷时，更多的不是照搬理论，而是靠动物式的“直觉”采取行动。

人是一种具有复杂情感的动物，所以，很难在一本书中涵盖所有的纠纷解决处理方法。虽然每个人都有特定的行为模式和处事之道，但行动时没有一个人会因循守旧、墨守成规。而要用文字来把这些复杂多样的行为一一描写出来是非常困难的。

“面对医患纠纷时，如何思考？如何行动？针对问题采取什么解决方案？”

这本著作就是告诉读者在问题面前，要学会用哲学家的思考方式探究问题，用自己的大脑去设法解决问题。在解决问题的过程中你会遇到很多困难，但是，只有学会从客观实际出发，对决策和行动进行分析和思索，才能从中发现新的解决点，同时获得奇妙的体验。

最后，值此机会，我向所属的大阪府医保医师协会高本英司理事长、其他理事会成员以及事务局的同事们表示诚挚的谢意。并向《日经医疗保健管理》杂志社从连载之初对我予以大力协助的日经 BP 社出版署的沖本健二先生一并表示谢意。

另外，我希望将本书献给远在天国的女儿，以及一直在背后默默支持我的妻子。

尾内康彦

图书在版编目（CIP）数据

医患纠纷解决术／（日）尾内康彦 著；刘波 译. —北京：东方出版社，2014.9
（服务的细节；21）
ISBN 978-7-5060-7757-6

Ⅰ.①医… Ⅱ.①尾… ②刘… Ⅲ.①医疗纠纷—调解（诉讼法）—研究—日本
Ⅳ.①D9313.51

中国版本图书馆 CIP 数据核字（2014）第 215565 号

服务的细节 021：医患纠纷解决术
（FUWU DE XIJIE 021：YIHUAN JIUFEN JIEJUESHU）

作　　者：［日］尾内康彦
译　　者：刘　波
责任编辑：崔雁行　高琛倩
出　　版：东方出版社
发　　行：人民东方出版传媒有限公司
地　　址：北京市东城区朝阳门内大街166号
邮　　编：100010
印　　刷：北京文昌阁彩色印刷有限责任公司
版　　次：2014 年 10 月第 1 版
印　　次：2022 年 12 月第 6 次印刷
开　　本：880 毫米×1230 毫米　1/32
印　　张：8.5
字　　数：177 千字
书　　号：ISBN 978-7-5060-7757-6
定　　价：38.00 元
发行电话：（010）85924663　85924644　85924641

“服务的细节”系列

《卖得好的陈列》：日本“卖场设计第一人”永岛幸夫

定价：26.00 元

《为何顾客会在店里生气》：家电卖场销售人员必读

定价：26.00 元

《完全餐饮店》：一本旨在长期适用的餐饮店经营实务书

定价：32.00 元

《完全商品陈列 115 例》：畅销的陈列就是将消费心理可视化

定价：30.00 元

《让顾客爱上店铺 1——东急手创馆》：零售业的非一般热销秘诀

定价：29.00 元

《如何让顾客的不满产生利润》：重印 25 次之多的服务学经典著作

定价：29.00 元

《新川服务圣经——餐饮店员工必学的 52 条待客之道》：日本“服务之神”新川义弘亲授服务论

定价：23.00 元

《让顾客爱上店铺 2——三宅一生》：日本最著名奢侈品品牌、时尚设计与商业活动完美平衡的典范

定价：28.00 元

《摸过顾客的脚才能卖对鞋》：你所不知道的服务技巧，鞋子卖场销售的第一本书

定价：22.00 元

《繁荣店的问卷调查术》：成就服务业旺铺的问卷调查术

定价：26.00 元

《菜鸟餐饮店 30 天繁荣记》：帮助无数经营不善的店铺起死回生的日本餐饮第一顾问

定价：28.00 元

《最勾引顾客的招牌》：成功的招牌是最好的营销，好招牌分分钟替你召顾客！

定价：36.00 元

《会切西红柿，就能做餐饮》：没有比餐饮更好做的卖卖！ 饭店经营的“用户体验学”。

定价：24.00 元

《制造型零售业——7-ELEVEn 的服务升级》：看日本人如何将美国人经营破产的便利店打造为全球连锁便利店 NO.1！

定价：38.00 元

《店铺防盗》：7 大步骤消灭外盗，11 种方法杜绝内盗，最强大店铺防盗书！

定价：28.00 元

《中小企业自媒体集客术》：教你玩转拉动型销售的 7 大自媒体集客工具，让顾客主动找上门！

定价：36.00 元

《敢挑选顾客的店铺才能赚钱》：日本店铺招牌设计第一人亲授打造各行业旺铺的真实成功案例

定价：32.00 元

日本 23 家顶级餐饮集团投诉应对标准手册，迄今为止最全面最权威最专业的餐饮业投诉应对书。

定价：28.00 元

更多本系列精品图书，敬请期待！